Tecnología de sobrescritura

Enseñar trabajo

BY H.A DAWOOD

Contenido

2

Las Tecnologías de la Información y la Comunicación (TIC) estimulan cambios que involucran toda la vida social a escala planetaria. Sin embargo, más allá los discursos promisorios que cuestionan a los hombres y mujeres del globo como I"con- consumidores y usuarios de un mundo tecnológico", la integración de las TIC en diferentes países, regiones geográficas y grupos sociales no ocurre de manera uniforme. Los procesos de inserción son complejos, a menudo duales y no alcanzan todos los población por mismo. Es necesario reconocer, por a lado, qué los expansión desde los Los medios de comunicación y las tecnologías digitales mejoran la producción, la circulación, el almacenamiento comedor y recepción de varios mensajes a gran distancia y escala. Pero, por el otro, al motorizar desigualdades en los acceso para los información y al conocimiento, aumento diferencias económicas, sociales y culturales existentes. La llamada "brecha digital" esdinámico e involucra aspectos relacionados con la inequidad en el acceso a la infraestructura, soportes o conectividad, en las posibilidades de interacción y en las potencialidades de apropiación significativo por parte de usuarios

Por los momento, luego, los diseminación desde los TIC sé da en los marco desde a "globo-asimetría" [1] promotor de desequilibrios que superan las variables meramente tecnológico. PARA pesar desde eso, los medios de comunicación desde comunicación y los tecnologías digital desde los información tener a impacto en los configuración los alrededor material y simbólico
Desde quién tránsito los nuevo ¿siglo? los TIC intervenir tanto en los producción desde bienes y servicios qué en los procesos desde socialización. Su importancia mentiras en los lata por mediar en la formación de opiniones, valores, expectativas sociales y formas de sentir, pensar y Actuar en los mundo. R) Sí, en a sociedad donde los grupos social sé encontrar cada hora más fragmentado, los tecnologías desde los información y los comunicación Ellos son canales desde circulación desde representaciones y ideas en torniquete para los cual los población segmentario lata encontrar puntos desde Contacto y Conexión. Desde es perspectiva, los TIC tener a

4

función cultural central: construir los conocimiento qué los asignaturas tener en los sociedad qué centro- entonces. Pero sé golosinas desde a edificio selectivo atravesado por los saturación desde información, por a lado, y por otro, por los presencia desde los medios de comunicación masivo desde comunicación con concentradoestaño en los producción desde contenido y a fuerte imprimir desde los lógica los mercado.

En este contexto sociocultural, la educación tiende a comportarse como una variable qué definir los entrada o los exclusión desde los asignaturas para los diferente comunidades Es qué los ámbito colegio seguir siendo a espacio privilegiado por los conocimiento y intervenciónsobre los complejos fenómenos necesarios para la convivencia y el cambio social. Es por ello, el ingreso de las TIC a la escuela está ligado a la alfabetización en los nuevos lenguajes; contacto con nuevos conocimientos y la respuesta a determinadas demandas delmundo de trabajo. Pero la integración pedagógica de las TIC también requiere formación capacidades para comprender y participar en esta realidad mediatizada. En esto sentido, la formación sistemática es una oportunidad para jóvenes y adultos de convertirse tanto en consumidores reflexivos como en productores culturales creativos. Esuna oportunidad para desarrollar conocimientos y habilidades que el mero contacto con tecnologías y sus productos no genera necesariamente.

La relevancia política del rol inclusivo de la escuela en torno al problema de la TIC era hecho explícito hace poco en los marco los debate desde los Nuevo Ley desde EducaciónNacional. los documento presentado por los discusión público planteado los responsabilidaddel Estado Nacional Argentino de "garantizar la equidad en el acceso, ya que dependerá de las capacidades futuras de los alumnos, para aprovechar al máximo uso inteligente de las TIC, ya sea para el acceso a los bienes culturales o para la adquisiciónformación en competencias para el mundo del trabajo. La escuela –afirmaba el texto– "debe asume un rol fundamental porque es el espacio donde todos los niños y niñas, jóvenes y los adultos pueden acceder efectivamente a la alfabetización digital. Así fue y La misión de la escuela sigue siendo la entrada de los niños a la cultura alfabetizada, hoy debe incorporar el aprendizaje y uso de nuevos lenguajes digitales". En el actualmente, a través de los artículos 7 y 8, la Ley de Educación Nacional (N° 26.206) legisla en es realidad. los Condición "garantías los acceso desde todos ellos los ciudadanos/ en cuanto a la información y el conocimiento como instrumentos centrales de participación en un proceso de desarrollo con crecimiento económico y justicia social", y sostiene que "la educación brindará las oportunidades necesarias para desarrollar y fortalecer lacapacitación integral desde los gente para eso longitud desde todos los toda la vida y promover en cada educar-tener la capacidad de definir su proyecto de vida, basado en los valores de libertad, paz, solidaridad, igualdad, yo respeto para diversidad, Justicia, responsabilidad y bien común".

Este escenario invita a la escuela a reflexionar sobre las propuestas de inserción estrategias articulares, didácticas y modelos institucionales de gestión de las TIC. Pero, fundamentalmente, la desafía a repensar las formas de transmisión del conocimiento que se ponen en juego en sus aulas. Para que la integración pedagógica de las TIC sea con- verter en una oportunidad de inclusión debe ser significativo para quienes participan ensu. A inserción eficaz no sé lata dar al margen desde los procesos histórico, cultura-rieles, politicos y barato por los cual los asignaturas tránsito. Necesita respuesta para

Sus realidades, preocupaciones, intereses, conocimiento y Expectativas. Demandas dar los palabra paralos estudiantes, devolverlos visible y reconocerlos qué asignaturas cultural en a aquí y ahora.

Desde allí el principio los colegio Argentina sé preocupado por "construir igualdad", por unirsepara los diferente en torniquete para a sequía común. Pero los sistema educativo tradicional fue diseñado en base a un principio de suministro homogéneo. Hoy, aunque se preocupan toons siguen siendo los mismos, los nuevos mecanismos culturales de la sociedad y lala economía del conocimiento tiende a respetar las particularidades. Las escuelas vanabordar las tecnologías de la información y la comunicación de forma muy diverso, negociando Adelante los Progreso tic de los medios y tecnológico, los culturas organizar-nacionalidades, necesidades de los docentes, brechas generacionales y apropiacionesautonomía de los jóvenes y las expectativas de la comunidad. Por lo tanto, las políticas públicas Las leyes públicas exigen tener en cuenta las instituciones y los sujetos en una situación. Cuándo en los regalo sé negociaciones desde igualdad en los colegio, sé pensar en a igualdad complejo. Una igualdad que posibilite y valore las diferencias que cada uno aporta como ser humano.No. Desde este modo, los colegio en tanto agencia Social sé reinsertar en los dinámica cultural.Se revitaliza como un espacio público fértil para la "ciudadanización de los problemas de los comunicación" [2]. ¿Es qué con los integración desde los TIC para Proyectos transverso y SIG-significativo, la escuela se acopla a diferentes movimientos de la sociedad civil que juegan a papel vital en los protección y promoción desde los diversidad desde los expresiones desde los culturay acceso al conocimiento.

Capacitación en TIC

La incorporación de las TIC en el quehacer pedagógico de las instituciones escolares está terminando. extendido por los Ministerio desde Educación, Ciencia y Tecnología (Presentación) qué partede políticas inclusivas dirigidas a reducir las brechas educativas que actualmente existe en argentino los desigualdad desde oportunidades qué sufrir jóvenes educadopertenencia para sectores desamparado desde los sociedad es concebido qué a problemano sólo económica sino política, pedagógica y cultural. Las diferencias en las posibilidadescamisones de acceso a la tecnología actualmente también implican grandes distancias en las posibilidades de acceso a los productos culturales, la información y el conocimiento, que inciden en la construcción de la subjetividad, los proyectos de vida futuros y la participación ciudadana de las nuevas generaciones. Por eso la integración de Las TIC en la escuela no se entienden desde la presente propuesta como un problema simplemente técnico y instrumental. abordado desde a perspectiva educativo y cultural,la incorporación de las tecnologías de la información y la comunicación en la enseñanza requiere el desarrollo de habilidades analíticas, cognitivas, creativas y comunicativas estudiantes, docentes y directivos, que permiten tanto la apropiación significativa de la oferta cultural, tecnológica e informativa circulante como la producción de mensajesnecesarios para el desempeño personal, profesional y ciudadano en una sociedad pluralista. Inteligente y democrático.

En línea con a perspectiva educativo y cultural, luego, los integración desde TIC para los Pro-poner pedagógico lata ser considerado qué parte desde a política inclusivo Cuándo: considera

para cada colegio Qué centrar desde extensión desde los oferta tecnológico y cultural; sé preocupaciones por los crecimiento desde habilidades no solamente técnicas de lo contrario así como cognitivo, creativo y comunicar- corbatas necesario por los rendimiento Regalo y futuro desde los jóvenes; concibe para La tecnologíay los procesos de circulación y consumo de información o productos culturales como objeto de constante problematización; incorporar tecnología e información en enseñando en diferente campos disciplinario; favores los edificio desde subjetividadesintegrar la oferta tecnológica y cultural global a los contextos de vida; facilita la ex -Presión y visibilidad desde jóvenes desde sectores desamparado para a través de desde los produccióny poner en circulación desde publicaciones propio qué fortalecer los identidad local; articula lostrabajo escolar de integración de las TIC y las disciplinas con prácticas que involucran a la comunidad; y, finalmente, cuando propone un trabajo institucional continuo que promueve la apropiación de las TIC como parte de la vida cotidiana presente y futura (entretenimiento, educación, comunicación, trabajo, participación).

En este sentido, los propuesta qué sé presenta en este material entiende qué los capacitaciónde los estudiantes en TIC requiere el fortalecimiento de los equipos docentes, directivos, mareas, supervisores y técnicos. Un fortalecimiento que permite un acercamiento a la nuevos lenguajes y "nuevas culturas", repensar estrategias y diseños didácticos nuevas propuestas didácticas. Es necesario reposicionar al docente como mediador de procesos educativos. Los jóvenes necesitan ser guiados para lograr producciones crítica y creativamente. Pero en esta tarea el maestro no puede trabajar en un aislado de lo contrario conforme equipo bajo a enmarcado institucional. Sin embargo, muchosa veces es la propia institución la que necesita apoyo, tanto en formación como en actualización lata de sus profesionales como en la gestión.

Sabemos que las escuelas en nuestro país son diferentes. Sus historias institucionales, culturas organizativo, experiencias desde trabajo, estilos desde administración, y contextos desde monedas de diez centavos- peón, las trayectorias profesionales docentes o los intereses de los estudiantes que acoge son diverso. Una propuesta de integración pedagógica de las TIC no puede ignorar este diversidad sí tiene como objetivo ser significativo y satisfactorio. Desde es perspectiva, luego,integrar pedagógicamente las TIC en la escuela no implica centrarse exclusivamente en lauso de equipos y herramientas sino en los procesos de aprendizaje, planificacióny cambiar en los prácticas y los instituciones los TIC no tener potencial transformadoren sí ellos mismos. los adecuación para los contextos, los posibilidad desde responder para necesidades ylos sentido qué lograr adquirir en torniquete para Proyectos individual y colectivo ellos son algunosdesde las llaves de integración efectiva.

este material posee estado desarrollado en los marco los *Componente ROM capacitación y administraciónde proyectos en uso crítico de las TIC en colegios PROMSE,* a través de los cuales se propone conformar, capacitar y coordinar equipos técnicos provinciales, referentes institucional, supervisores, gerentes maestros y tropas auxiliares qué favor los integrar-tifón pedagógico desde los recursos audiovisual y científicos de la computación para extendido en los escuelas medias pertenencia para es línea desde financiación. En el interior desde sus objetivos pedagógico porque principal sé encontrar: tostada a enmarcado conceptual por los comprensión desde loscomplejidad y características desde los cultura medios de comunicación y su relación con los asignaturas; pose estrategias desde personaje innovador para salir desde los incorporación desde los tecnologías desde los en-formación y comunicación en las prácticas diarias; definir y tener un marcoconceptual qué este los Mira y los selección los utilizar y los intervención pedagógico desde los TIC en los salón de clases y en los institución, Qué contenido disciplina y Qué herramienta desde con- Teñido cruzar, aceptando así como diversidad desde producción y asignaciones desde estas recursos; favor instancias desde elaboración desde propuestas qué tender para los promoción de uno cultura colaborativo, con incorporación desde los TIC; utilizar y promover los trabajo desde

diferente recursos multimedia por acompañar y configurar nuevo canales desde comunidadacción y producción en el desarrollo de propuestas que den cuenta de la construccióndesde conocimiento vinculado para los prácticas Niños de escuela; incorporar los tecnología para los aulas Quérecurso didáctico, acompañado de procesos de apropiación reflexiva que permiten reflexionar a las nuevas exigencias.

En esta propuesta de trabajo, la conformación de equipos de referentes TIC en la escuelas jugar a papel central. Estas equipo ellos estarán integrado por parejas técnico-pedal-gicas que actuarán como facilitadoras del trabajo en el aula con las tecnologías de información y comunicación, y que pasará por cada institución. Sus funciones serán vinculado para los capacitación desde los maestros, los Consejo y asistencia en diseño, losimplementación y evaluación de proyectos TIC en instituciones y la coordinaciónnación de gestión entre las escuelas y otras instituciones. Es a estos equipos referentes de las TIC a quienes va dirigido este material. El objetivo es proporcionar un marco común conceptual y rebelión para el trabajo con los docentes.

En este sentido, sabemos que los retos de cada grupo de trabajo son diferentes porque sus puntos de partida, posibilidades y expectativas son. una propuesta de aula existente que se pretende ampliar, meta institucional que se quiere reformular Emprender o un nuevo proyecto que buscas emprender son espacios fértiles para el desarrollo de las propuestas presentadas en este material. La integración pedagógica de las tecnologías de la información y la comunicación es, como se dijo, una oportunidad para acceder a la conocimiento, formación ciudadana y expresión cultural. Pero también es un oportunidad de reflexionar sobre la vida cotidiana, los deseos y sentimientos sobre el mundo que se construyen desde la escuela pública en nuestro país.

En los ruta desde están paginas sé pose Algunos trazos por pensar los cambios y los lu- gar desde los tecnología, teclas por integrar los TIC en los colegio y oportunidades qué proveer algunos herramientas digital por construir y propiciar ambientes desde aprendiendo significar- Corbata. Visualmente, presenta a estructura tubular o por bloques Al lado los cuerpo central los texto aparecer a columna con comentarios (C), bibliografía extensión recomendado (B), Enlaces para paginas Web (w) y preguntas por guía los recesión (R).

Este material es sólo el punto de partida de una obra rica y dinámica, que con la participación de profesores y alumnos, cobrará vida propia en las aulas.

Introducción

"Una nueva forma de sociedad está emergiendo ante nuestros ojos. Y esto tan-sociedad no es algo extraterrestre a nosotros Es aquí, en nuestro vive personal, en nuestro emociones, en los ansiedades qué enfrentamos todo el mundo los días".
Antonio Gades

Hay pocos cosas en los lata asegurar qué existe a convenio extendido. los transformación los mundo Actual, los certeza los cambiar y los sensación desde incertidumbre con respeto al futuro ellos son algunos desde ellos. los sociólogo Sigmund Hauman Señala qué los velocidad-papá desde los transformaciones, los preguntas para los verdades estructurando en los qué nosotros apuru los procesos de destradicionalización e innovación constante, las grandes modificacionessubtítulos en los instituciones moderno tradicional (trabajo, familia, Pareja, género, Iglesia, democracia, Estado, sociedad civil, partidos políticos, etc.) y el culto a la individualidad sonhaciendo tambalear los certezas qué sostuvo los razones desde nuestro *toda la vida diario* [3] , socavar-hacer su estabilidad y impactando en los manera desde vivir y desde pensar los futuro.

[3] Este concepto ha sido ampliamente tratado en los sociología contemporánea: "Al hablar desde vida diaria nosotros árbitro-
Llegamos a esa *realidad suprema,* a la vida del hombre entero, al tejido evidente y normal de la comprensión del mundo y de

Cabe señalar que estos cambios se vienen produciendo desde el siglo pasado, sobre todo a partir del segundo tiempo. Como historiador Eric Hobsbawm (1999: 18) en su libro *Historia los Siglo XX,* "que período era los desde más alto trascendencia historiaC.A. desde los siglo, porque en los sé registro a Serie desde cambios profundo y irreversible para la vida humana en todo el planeta. Comenzando con el final de la Segunda Guerra Mundial Mundo, Recordemos los consolidación y los desmoronándose los *mundo bipolar* (COM-nido *versus* capitalismo); los ciclos desde aumento económico y depresión; "los muertedel campesinado" [4] ; la consiguiente urbanización y revolución del transporte público; el surgimiento de profesiones que requerían estudios secundarios, terciarios y universitarios ríos; el crecimiento y auge de la educación superior, la nueva conciencia femenina y los inclusión desde los mujeres en los Universidad y en los mercado los trabajo [5] ; los variación-nepe en los ajustes parientes; los auge desde a cultura específicamente juventud; losdesarrollo del mercado de consumo masivo, la moda, la industria discográfica, la tele- visión, los tecnologías electrónica, etc. Es decir, los papel los Condición, los mercado y desde losdiferente instituciones social era Cambiando, y desde su mano, los pautas desde organización,los jerarquía desde valores, los Modelos desde referencia, los deseos y los Expectativas tanto desde los tanto los individuos como las comunidades en su colocar. [6]

Aún encontrando líneas de continuidad para las características del mundo actual en un Pasado el tiempo histórico, podríamos hablar de un nuevo tipo de modernidad. Para Hauman (2002), la era actual se puede definir como una "modernidad líquida", en la que el poder y el dinero fluyen, se mueven, drenan y necesitan un mundo libre desde grilletes, barreras, fronteras fortificado y control S. En oposición para su, eso qué los Autorllamada "modernidad sólida", hoy desaparecida, se construyó sobre la ilusión de que la el cambio traería una solución permanente, estable y definitiva a los problemas. los el cambio se entendía como el paso de un estado imperfecto a uno perfecto, y el proceso de modernización se llevó a cabo una vez y no para cambiar más. Modernidad liquida tener otro concepción: los cambiar y los innovación sé llevar a cabo permanentemente. Hauman ejemplifica la diferencia entre ambas configuraciones comparando dos personajes representados tentativo cada de estos momentos socio históricos y culturales:

"Es comprensible que Rockefeller quisiera que sus fábricas, ferrocarriles, ferrocarriles y pozos de petróleo eran grandes y robustos, para poseerlos para mucho, mucho tiempo (por todos los eternidad, sí Medimos los tiempo segúnlos duración desde los toda la vida humano o desde los familia). Sin embargo, Cuenta puertas Sé-real academia de bellas artes sin dolor desde posesiones qué Ayer eso estaban orgullosos: hoy dia eso qué da beneficios es
los desenfrenado velocidad desde circulación, reciclaje, envejecimiento, descarte y reemplazo -no los durabilidad ninguno de los dos los durable fiabilidad los producto-
".

Ambos casos ilustran en relatos personales los procesos macro sociales y sus respectivos cosmovisiones tovas. Pero es necesario entender – como Hobsbawm (1999: 13)– qué los reflexion en este mundo complejo tener así como por todo el mundo y cada una de nosocomo adultos una ineludible dimensión autobiográfica:

"Hablamos como hombres y mujeres de un tiempo y lugar específicos, que han participado en su historia de diversas formas. Y también hablamos también, como *actores que han intervenido en sus dramas -por insignificantes que sean qué es estado nuestro papel-* , qué observadores desde nuestro época y qué individuos cuyas opiniones sobre el siglo han sido formadas por aquellos que consideramos eventos cruciales de la misma. Somos parte de esto

Lo que queremos decir es que, siendo contemporáneos de los hechos sociales, políticos, culturales, económicos y educativos que tratamos de entender, hablarán en nuestras interpretaciones, los historia personal y los marcas qué los situaciones nosotros ellos tienen dejado como experiencia. En las formas de reflexionar y conocer el mundo, será pre- sentir nuestro subjetividad, qué más qué a *fuente desde error* es condición desde posibilidad del conocimiento. La objetividad siempre reclamada es imposible. Y el punto de vista ineludible. Por lo tanto, es necesario tener cierta vigilancia al respecto. Piensa el mundo, repensar el lugar de la escuela en el nuevo contexto socioeconómico global y local eso implica diálogo con otros Sentidos en los mundo. Nuevo Sentidos qué entrarán en juego en muchos interacciones con jóvenes en el escuela y fuera su.

Reconocer nuestro posicionamiento no constituye a relativismo ético individualista. Es importar-mucho comprender qué los relación sujeto objeto sé da en los contextos desde práctica y en los dimensión activo los conocimiento. No sé golosinas, sin embargo, desde socializar los sentido común. Bien este "es un mecanismo engañoso que ofusca el conocimiento; instala al sujeto en un supuesto objetivo la vida y usted previene advertir pistas desde cambiar o desde anomalía en los interpretación desde eso verdadero". Es Qué "Sí desde los señales los alrededor, solo conservar esos qué estar de acuerdo con nuestro conocimientos, confirman nuestras convicciones, justifican nuestras (in)acciones y coinciden con nuestro imaginario" [7] . Por eso, por superar los *obstáculo epistemológico* [8] qué los sentido común supuesto, vamos a tratar promover desde este material a leyendo intencional y revisión, integrar inteligencia e intuición, razones y sospechas para construir el camino de conocimiento a través de la problematización . Así como pensar y avanzar en los entendimientos precisos, aunque provisionales y perfectibles, y sugieren un marco para reflejar la inte-racionar revisión desde los tecnologías desde los información y los comunicación en los enseñando.

Emprenderemos este camino acercándonos al mundo contemporáneo a través de una selección de cinco situaciones o hechos significativos de la actualidad. Tra-ejército de reserva desde pistas o huellas desde algo más grande. Ellos son, para los hora, cinco "golpes" qué contorno aMira y inventar a marco desde situación, a sitio de construcción, a *collage* en los sé ellos pueden vistazo diferente parcelas y texturas, densidades y dimensiones los Regalo en los vivimos. Voluntad

Enfocarnos en determinados momentos, detendremos el tiempo por un instante, para vislumbrar en ellos la movimiento permanente y los multiplicidad desde sus ubicaciones. Intentemos, para salir desde estastrazos empezar para reconocer algunos desde los características los mundo los formamos parte.

Primer golpe: "Lo importante es el chip, Macuche"

este es los eslogan desde a publicidad desde Los teléfonos celulares desde 2004. los escena muestra paraa chico desde sobre cinco años conversando en los cocina con su mamá. Tiempo-después de que ella camina de un lado a otro, el niño habla rápido y con firmeza tratando de convéncela: "Los chip es eso importante (desde usted teléfono móvil). los chip sé restos con todoslos información...". PARA la medida qué su habla pasa, los cámara empieza para traicionar alpequeño, hasta que finalmente muestra la imagen del celular sumergido en una pecera. El chip estaba en la mano del chico, se había salvado de la travesura. "Sabes cómo decir al futuro? El chip, macuche", concluye el protagonista.

En esta línea es posible reconocer algunos rasgos del mundo contemporáneo: el desarrollo rollo tecnológico en base al enjuiciamiento digital desde los información; los oferta creciente desde productos y servicios desde telecomunicaciones [9] ; los diferencias generacional en torniquetea la apropiación de las nuevas tecnologías, e incluso el sentimiento de que niños, jóvenesy los adultos hablan diferentes idiomas. distanciamiento generacional entre padres e hijos,profesores y alumnos, abuelos y nietos, suele ser evidente en el uso del lenguaje, la con-valores culturales y percepciones del mundo marcadamente

14

diferenciados.

Es necesario recalcar que las brechas generacionales no son exclusivas de esta época.En realidad, se puede decir que las grandes transformaciones del siglo XX marcaron importante diferencias generacional los gente nacido antes de desde 1925 Tuvieron un pococque ver con los que vinieron al mundo después de 1950. Jóvenes como los de hoy sabemos es a *invención* desde los período de posguerra. Es qué para salir desde los segundo medio los sigloXX se reivindicó la existencia de los niños, niñas y jóvenes como sujetos de derechos y, especialmente, en los caso desde los jóvenes, Qué asignaturas desde consumo. Es así como en período de posguerra cuando surgió una poderosa industria cultural que definió a los jóvenes qué destinatarios desde su oferta. los aumento desde los industria musical era los más espectáculo-mercado, aunque no el único, y ofreció por primera vez bienes *exclusivos* para los jóvenes, quecomenzaron a tener mayor autonomía de decisión y protagonismo histórico. la juventud eramucho más qué a grupo años qué sé diferenciado desde sus mayor que. Según Hobsbawm (1999:331), los cultura juventud sé convertido en los matriz desde los revolución cultural los siglo XX, visible en los comportamientos y costumbres -pero en todo en los modo desde proveer los ocio-, quépaso para configurar cada hora más los ambiente qué ellos respiraron los de los hombres y mujeres urbano.

Luego los diferencias generacional ya Ellos eran notorio, Entonces Qué los percepción desde qué los sociedad yo era experimentando a nuevo momento cultural, en los qué pasado y Regalofueron reconfigurados a partir de un futuro incierto. En los años setenta, el antropólogo Margaret Mead dijo que los actores jóvenes eran los mejor preparados para asumir el papel irreversibilidad desde los cambios operado por los globalización, los crecimiento iconologíaco y la internacionalización de la sociedad:

"Nuestro pensamiento nosotros unir aún al pasado, al mundo tal Qué existió enlos época desde nuestro infancia y juventud, nacido y servicio antes de desde los revolución electrónica, los más de nosotros no entiende eso qué es medio. los jóvenesdesde los nuevo Generación, en cambiar, sé asemejarse a para los miembros desde los primero Generación nacido en a país nuevo. Deber aprender juntos con los jóvenes losforma desde dar los próximo Pasos. Pero por Continuar Entonces, deber trasladarse los futuro. En opinión de los occidentales, el futuro está ante nosotros. en juicio desde Muchos pueblos desde Oceanía, los futuro reside detrás, no avanzar. Para construira cultura en los los pasado ser Útil y no coactivo, deber localizar los futuroEntra en

15

nosotros, ¿Qué? algo qué es aquí inteligente por qué eso vamos a ayudar y protejamosantes de desde qué nacido, porque desde eso contrario, ser también tarde". [10]

los autor distingue esquemáticamente Tres tipos desde cultura según los formas qué tomando los tras-misión cultural, y qué ellos pueden Sírvanos por pensar los Regalo. los cultura *pos figurativo* esque en qué los niños ellos aprenden desde sus mayor que. los Regalo y los futuro es tan ancladoen el pasado. Son las culturas de tradición. La *configuración* es aquella en la que ambos niñosQué Adultos ellos aprenden desde sus pares los futuro es anclado en los Regalo. Ellos son los culturas desdelos modernidad avanzado. los *pre figurativo* es que cultura en los qué los Adultos ellos aprenden desde niños; para Mead es un momento histórico sin precedentes "en el que los jóvenes adquirir y asumir a nuevo autoridad a través de su captación pre figurativo los futuro Naciones Unidas- conocido". Al respecto, la antropóloga Rossana Rebutid (2000) comenta que el valor deLa propuesta de Mead es poder ubicarlo en nuestro tiempo, en sociedades como las latinoamericanas.pelo blanco donde ellos pueden Presentarse uno mismo simultáneamente formas *publicar* , *co* y *pre figurativos* . Es decir, enlos coexistir diferente modos desde estar relacionado con los futuro y los pasado.

En la actualidad, y sobre todo a raíz del avance de las TIC, la escuela ya no es el canal privilegiado a través del cual las nuevas generaciones entran en contacto con la información o sé insertar en los mundo. los niños y jóvenes tener conocimiento y Naciones Unidas-trenzas qué ellos aprendieron sin intervención desde los adultos Por su parte, los toda la vida desde los más altoparte de los adultos de hoy ha vivido en un entorno social y tecnológico totalmente diferente. En este ambiente, las instituciones "familia" y "escuela" mantuvieron a unicidad desde habla, los autoridad sé construido verticalmente y los prácticas desde consumo alrededor desde los tecnologías desde los comunicación sé dio en a contexto desde fuertemediación de adultos. A lo largo de las décadas, entonces, son las mismas configuraciones. relaciones de poder entre generaciones lo que cambia: decisiones sobre los diferenteslos aspectos de la vida no se enseñan ni se obedecen de la misma manera, el conocimiento no se adquirir ninguno de los dos nido desde los mismo manera. En este sentido, los sociólogo Emily CarpaFañan (2000) afirma que los cambios en el equilibrio de poder entre niños y niñas jóvenes y adultos constituye uno de los factores que ponen en crisis el viejo dospositivo qué organizado los toda la vida desde los instituciones Niños de escuela. Once Es qué los colegio tuvevoz legítima y exclusiva tanto para definir cuál era el conocimiento valioso para los sociedad como quiénes eran los que,

16

poseyéndolos, podían transmitirlos.

Es claro, entonces, que cuando preguntamos por las relaciones entre los miembrosde diferentes generaciones ya no nos referimos sólo a las interacciones de personas de diferentes varias edades La idea de *generación* no puede ser pensada como una categoría excluyente. muy biológica, también debe ser considerada cultural:

"Eso qué distancia para a nieto desde su Abuelo no Ellos son 70 años cronológico de lo contrarioSiete décadas desde transformaciones cultural, social, políticas y económicocaso Eso qué distancia generacionalmente para a estudiante desde su profesor no Ellos sonlos cumpleaños que se han celebrado, sino las diferentes cosmovisiones del mundo que han construido a lo largo de su experiencia. las marcas generaciones no se alojan ni afloran, pues, en pelo con o sin pelo blanco de lo contrario en los formas desde concebir los pasado, desde tránsito los Regalo, desdeimaginar el futuro, desear, soñar, relacionarse con los demás ypresentarse a los demás. En definitiva, en los procesos de constitución desde los identidad propio y los colectivo desde pertenencia qué incorporar marcasdesde época". [12]

todas las instancias que van desde el ordeño hasta nuestro refrigerador hay investigación y producción de conocimiento aplicado a la industria. Pero la existencia de esta informaciónlata en *bolsita,* botella o cartón también habla de una población consumidora que considera positiva la implicación de la ciencia en la mayoría de las áreas delos toda la vida. Aunque Quién comprar esta Leche quizás no llegar para comprender desde qué sé golosinas,valoran la existencia de esta información, la transparencia de la comunicación porde la compañía.

PARA salir desde los años cincuenta, pago fuerza los *revolución científico-técnico* y sé ajustarse- el sistema ciencia-tecnología-producción, vinculando estrechamente los avances encada uno de los campos. Producción científica y tecnológica intensiva en laboratorios los derechos corporativos es una de las características de la sociedad de nuestro tiempo. Como explica el sociólogo Manuel Castell (1995), la información se ha convertidoaporte y factor principal en los reestructuración desde los procesos productivo. sé golosinas desdea nuevo lógica desde aumento y acumulación los capital. Según este Autor, "los generar-estaño, el procesamiento y la transmisión de información se convierten en el principalfuentes productividad y potencia.

17

En los producción desde bienes y servicios, los sistemas qué proceso información y los coche-matiz desde cierto tareas qué antes de sé realizado en forma Manual Ellos son protagonistasEn este marco, el conocimiento se convierte en un insumo clave para la *competitividad*. Así, desde el sistema productivo se pone en circulación la noción de *saber competitivo,* qué tener cierto características asociado al mundo labor. sé golosinas desdeun conocimiento generalmente desarrollado en las empresas, centrado en problemas o en Proyectos y no en disciplinas, vinculado para necesidades desde solicitud y innovación. Dentro-beneficia a profesionales de diferentes áreas; está sujeto a controles de calidad diversificados(normas y estándares internacionales, relevancia social, eficiencia económica, la aceptacióninformación al consumidor, etc.) y utiliza redes de información para su producción, circulación e intercambio. Es así, entonces, que una parte significativa de las tareas es une con los Generación desde información y desde conocimiento, con los reproducción, adaptar-estación, difusión y venta de mensajes, ideas, sistemas, imágenes y símbolos

En este contexto, los escuelas y universidades salir desde ser los único centros desde Progreso científicos y los únicos que controlan la distribución del conocimiento social. Su capital-cono- la fundación compite con el capital-conocimiento generado autónomamente por el sistemaindustriales, financieras, empresariales y militares, que han desarrollado sus propios centros investigación y divulgación.

Así, un nuevo mapa de oficios y profesiones promovido por la nueva formas desde Produce, comunicar y administrar los conocimiento, ligado tanto para los alfabetizar-hojalata para el mundo del trabajo así como la necesidad de conciliar con los nuevos modelos negocio. Todo esto, entonces, se traduce en exigencias muy precisas al sistema. Educativo en todo el mundo sus niveles sé peticiones modificar orientaciones y contenido en funcióndesde los capacitación por los trabajo, y aumento los niveles desde calidad. Algunos tendenciasdel cambio impactan en la forma en que se concibe y organiza el proceso educativo, marcando la orientación de los perfiles institucionales y de egresados. Entre estos diez- dances, la incorporación de las tecnologías de la información y la comunicación ocupa unlugar central durante algunas décadas, promoviendo fuertes debates en torno a su modo y objetivos desde inserción. los discusiones sobre desde los necesitar desde incorporarLas TIC como materia diferenciada

18

o como contenido transversal, el énfasis puesto en la aspectos más instrumentales o más críticos en cuanto a la formación de los estudiantes, objetivos alineado con los capacitación por los trabajo o los capacitación ciudadano, los visiones

más centrado en los utilizar desde eso informática o esos qué hacer más alto énfasis en eso mula-medios de tiempo Ellos son respuestas para los relación conocimiento escolar, según los diferente demandas,que tienen un fuerte impacto en las propuestas didácticas. actualmente hay un cierto consenso sobre la necesidad de que la escuela forme en TIC pensando en la desarrollo de habilidades y promoción del aprendizaje continuo con inclusiones qué contribuir a la integración de modalidades.

Sin embargo, más allá de la descentralización de los lugares que producen lo que es considera ciencia aplicada, es importante recordar siempre que la gente allí trabajo, pertenecientes a distintos campos del saber, se han formado y siguen formándose mando en el sistema educativo.

De esta forma, en el trabajo diario con las TIC en la escuela, empieza a ser necesario sari pasar desde los noción desde "sociedad desde los información" establecido en los tecnologías desdeinformación e intercambio a escala mundial, a una noción de "sociedad del conocimiento" fundamento" que, contrariamente a la representación globalizadora inducida por la primera,como señala Armando Martel art (2006), destaca la diversidad de modos de apropiación cultural, políticos y barato desde los información y desde los conocimiento

Inteligencias conectado
Tradicionalmente, los imagen público desde los ciencia y los tecnología él era dominado porlos logros de los intelectuales individuales. Hoy, en cambio, algunos de los trabajos científicos más impactante ellos son los resultado desde los colaboración desde grupos [*] lossiguiente secuencia resume este cambiar.

• Durante siglos, los padres de la ciencia moderna se relacionaron a través de colegios invitados. hermanos, es decir, formado parte desde a comunidad desde investigadores cuyo intercambio de ideas representó la base de los avances científicos. Aunque los científicos basaron su trabaja en otros y se comunican unos con otros, finalmente publicando solos. muchos grandes- des ideas Ellos eran

19

atribuido para algunos pocos pensadores influyente Qué galileo, newton, Darwin y Einstein. En consecuencia, la forma tradicional de hacer ciencia en la modernidad papá (Hasta que los Segundo Guerra Mundo) sé describe Qué a serena desde nodos aislado.

• En los segundo medio los siglo XX, los ciencia sé volvió, más y más, a trabajo grupo. AUn buen ejemplo de esto es la famosa pareja de biólogos Francis Crick y James Watson, quien descubrió la estructura del ADN. Ciertamente no fueron los únicos. Ellos ellos mismos ellos hicieron parejas con otros científicos configurando redes desde conocimiento. los publicaciones conjuntas documentaron estas colaboraciones que dieron origen a las escuelasinvisible, reemplazando los conexiones oculto con coautores publicado.

• Actualmente, aunque las colaboraciones rara vez dominan la forma de hacer ciencia tan numerosa como la del consorcio internacional del Proyecto Genoma Humano [**], gran parte de los campos de investigación requieren este tipo de colaboración. Desde De hecho, el tamaño de los equipos que realizan trabajo colaborativo está creciendo, torrencial los ejercicio científico en a neto densamente interconectado.

El networking, la cooperación y la comunicación no se limitan a la actividad pero son propios de la vida social y de la construcción de las sociedades. Ciudades. Más allá de esto, la interconexión de personas y organizaciones a través de redes Ciencias de la Computación ofertas a nuevo oportunidad: los desde multiplicar, Qué dice Derrick desde Kerckhove (1999), los "inteligencias conectado" en función desde objetivos común. El mayor potencial transformador de estas tecnologías radica en la posibilidad de darapoyo a redes y espacios que permitan la comunicación, la creación de espacios de los colaboración y los edificio desde conocimiento y los Interacción Adelante gente.

[*] Barrabás, Albert-Lasso (2005): "Red teoría - los aparición de los creativo empresa", *Científico Americano*, vol. 308.
[**] El Proyecto Genoma Humano (PGH) consiste en mapear todos los nucleótidos (o pares desde bases) y identificar los 30,000 para 35,000 genes presenta en él. los grande Monto desde información qué generó y genera el PGH requirió el desarrollo de bases de datos electrónicas para poder almacenar y

administrarfrasco desde forma más fácil y rápido todos es información. *los BGF hombre genoma Base de datos:* http://www.gdb.org/

Por parte desde cada sociedad. Jesús Martín Barbero (2002), al mismo qué arte motel, especia-lista en temas de comunicación y cultura, destaca:

"Nuestro sociedades Ellos son, al mismo tiempo, sociedades los desconocidotío, esta es los no reconocimiento desde los pluralidad desde conocimiento y competenciasque, siendo compartida por las mayorías populares o las minorías, te ries nativos o regional, no es tan siendo incorporado Qué tal ninguno de los dospara los mapas desde los sociedad ninguno de los dos incluso para los sistemas educativo. Perola subordinación del conocimiento oral y visual sufre actualmente un erosión creciente e imprevista que se origina en los nuevos modos de producción.dicción de saberes y nuevas escrituras que emergen a través de los nuevostecnicismos, y especialmente de la informática e Internet".

Tercera carrera: argentinos en los Exterior

"Experiencias desde argentinos en los Exterior y los dilema desde regreso o no al país" es los calificación desdea Artículo publicado en *Clarín* los 7 desde agosto desde 2006, qué golosinas no en a curiosidadlos momento, de lo contrario en a tema recurrente desde hacer Algunos años en los diarios másimportante los país. En general, los Los grados contar por qué sé Ellos eran, Discúlpame ellos viven, Cuál es su relación con los país qué los recibe, en qué trabajan, etc A variante desde este escribe desde Los grados es, por ejemplo, qué hacer los científicos argentinos en otros los países. Es común, así como, encontrar- traer en los cuentos qué los tecnologías desde los comunicación, especialmente Internet -con susposibilidades desde chat y video conferencia-, constituir a recurso importante por mantenerse Contacto diario con familiares y amigos. A estas historias se suma la creación de sitios web qué los exilio desde gardel.org, Vagabundo, inmigrantes argentinos: los comunidad desde argentinos por los mundo, etc, qué oferta a espacio por para compartir los experiencias en los anterior-extranjero, Entonces Qué los recuerdos desde los Argentina nativo. En este sentido, los nuevo tecnologías ellos contribuyen sustancialmente para los comunicación y al Contacto.

Desde qué negociaciones este ¿carrera? Negociaciones desde los globalización económico, desde los migraciones yde los diferentes motivos y formas de movimiento de la población en el mundo (por contratación de profesionales en empresas multinacionales, en busca de mejores condiciones de vida, guerras, razones políticas, etc.). Recuerda, también, la desigualdades entre países –y dentro de ellos– [13] , así como las vicisitudes para construirmar a nuevo toda la vida en a lugar diferente al desde origen, los conflictos social, cultural y de convivencia que esto genera. Este parece ser un momento, como dice Martín Barbarón (2002), "en el que hombres de muy diversas tradiciones culturales *emigran en el tiempo,* inmigrantes qué ellos llegan para a nuevo era desde temporalidades muy diverso, perotodos compartiendo las mismas *leyendas* y sin modelos de futuro. lejos para instalaruna cultura única u homogénea, la intensificación de los flujos culturales transnacionalesellos parece ir a la deriva En un mundo de carácter cada vez más mestizo".

Las TIC, gracias a la velocidad de procesamiento y transmisión y su conexión a redes de todo el mundo, han cambiado las concepciones de espacio y tiempo. Se habla del *espacio de lujos* que comprime el tiempo hasta hacerlo presente continuo y comprime el espacio hasta que desaparecen las distancias terrestres. además de ayudar mantener el vínculo entre familiares y amigos, la red digital interactiva conecta lugares distancias con sus características socioculturales distintivas y reúne diversas modos desde comunicación. los permeabilidad cada hora más alto desde los fronteras información-nalos Permite los aparición desde nuevo comunidades desde intereses y valores qué esquivarla variable geográfica. Este fenómeno se expande entre los jóvenes, donde la música o los juegos en neto sé transformar en núcleos desde comunión. los utilizar desde los TIC refuerza sentimiento-tos desde pertenencia, para a través de desde los paginas Web, los correo electrónico o los canales desde chat; esa manera desde agrandar corbatas social y cultural fuera de los vecindario, los pueblo o los país.

Es importante tener en cuenta, como señala Martín Barbero (2002), que los procedimientos globalización económica e informacional están reviviendo la cuestión de la identidades culturales-étnicas, raciales, locales, regionales, hasta convertirlas en un dimensión protagónica de muchos de los conflictos internacionales más feroces del más reciente años, al tiempo qué esos mismo identidades, más los desde género y años, es-están reconfigurando la fuerza y el sentido de los lazos sociales y las posibilidades de coexistencia en eso nacional y eso local. Martín Barbero agregar qué eso qué los revolución tecnología de este fin de siglo introduce en nuestras sociedades no es tanto una cantidad calidad inusual de las nuevas máquinas sino un nuevo modo de relación entre los procesos símbolos que constituyen lo cultural.

La socióloga Dominique Dalton (1999, 2006) destaca que la comprensión entre culturas, sistemas simbólicos y políticos, religiones y tradiciones filosóficas no se logra simplemente acelerando el intercambio de mensajes. Informar, expresar o transmitir ya no es suficiente para crear una comunicación. Para el autor, la "victoria de los comunicación" llega acompañado desde a cambiar en su condición. Es menos a proceso, con un principio y un final, a la manera de un mensaje que va de un remitente a alguien que lo recibe–, que un *desafío de mediación, un espacio de convivencia, un dispositivo que puntos para amortizar los reunión con varios lógico qué coexistir en los sociedad abierto.*

En este contexto los papel qué asumir los propuestas desde enseñando en torniquete para los TIC resultado fundamental. Por a parte, porque tener los posibilidad desde seguir, continuar en expansión los limiteslos salón de clases desde los salón de clases. Por otro, porque en a mundo qué lugares en Contacto para gente desde diferentes lugares, aprender a comunicarse con sensibilidad hacia los demás (expresarse, escuchar, dialogar, entender, intercambiar, llegar a acuerdos, cooperar, resolver con- conflictos con comprensión mutuo, yo respeto y solidaridad) es crucial por los capacitación ética y la democracia de los ciudadanos del siglo XXI.

Trimestre carrera: los planeta en peligro
"Los planeta en peligro" es los calificación desde a Artículo periodístico qué muestra a caso desde
problema en general : polución, calefacción desde los Tierra y cambiar clima.

PARA termina desde los años setenta, los deterioro desde los condiciones ambiental en Algunos puntoslos planeta lo dio lugar al comenzando desde a grande debate en los carreteras qué los humanidad había tomado en posición los crecimiento socioeconómico, y incluso para los movilización desde los los ciudadanospara estos temas. Entonces se pensó en el problema ambiental como un tema abordableen condiciones desde disciplinas, extensión los conocimiento científico y instrumentación desdemecanismos barato y financiero. Por ejemplo, sé pensamiento qué los polución sé resuelto _ a través de los creación desde sistemas desde descontaminación diseñado desde los ciencia,los creación desde dinero por facilitar los inversiones necesario y los tomando desde medidas Qué los multas por lugar Freno para los Comportamiento contaminador. este enfocar tendencioso y frag-acuñado falla. Hoy dia sé entiende qué sé golosinas desde a problema los conocimiento, qué demanda los re conceptualización desde los relaciones Adelante sociedad y naturaleza:

"La crisis ambiental, entendida como crisis civilizatoria, no podía entender encimera a solución por los vía desde los racionalidad teórico y instrumental qué construir y destruir el mundo. Aprehender la complejidad ambiental im-aplicar un proceso de reconstrucción y reconstrucción de la pensamiento". [14]

Es así como el problema ambiental y otros, como la clonación, la modificación genética, C.A. desde animales y pisos, los instrumentación productivo desde esos Progreso para grande escala,

han sido definidos como *problemas científicos de nuevo tipo* [15]. En esta línea podemos reconocer parte desde su complejidad: los "costos los Progreso", los fuerza los mercado,convivencia entre los pueblos, la soberanía nacional, el papel de los Estados, la diplomacia, dinero, participación ciudadana en los asuntos públicos, movimientos social, democracia, respeto, futuro.

Por otro lado, los daño causado por Algunos productos científicos y los utilizar desde los cienciacon fines políticos, ideológicos y militares contrarios a los designios humanistas que siempre le habían sido otorgados han provocado la preocupación de los ciudadanos por la relevancia ética de esas actividades humanas y sus resultados. el tratamiento de problemas desde nuevo escribe traer con él preguntas teórico sobre desde los limites desdelos ciencia occidental, su presunto objetividad y su presentación al margen desde los valores. En otras palabras, esta concepción del conocimiento científico como forma acercamiento legítimo y válido a la realidad.

Estas problemas poner en evidencia los necesitar desde construir a nuevo escribe desde saber- Yo miento, desde ejercicio científico y desde participación ciudadano en estas asuntos. sé preciso*diálogo entre disciplinas,* entre diferentes culturas y sus respectivos saberes, entre los Ciencias y los conocimiento laicado desde los toda la vida cada día. los delimitación desde los conocimiento en los diferente campos desde los Ciencias constituido en sus primero etapas a proceso necesario yÚtil por saber los realidad. los *especialización* decir ah trajo grande beneficios, sin embarcar-ir, empezado para volverse, hace poco, en algo qué estorba en la medida creciente loscomprensión de los problemas. Según Edgar Morín (1999), existe una insuficiencia cadamás amplio, más profundo y más serio entre nuestros saberes desunidos, divididos, compartidosy las realidades y problemáticas cada vez más multidisciplinares, transversales,multidimensional, transnacional, global, planetario. Según los Autor, sé necesita a "reforma los pensamiento" qué permitir Enlace, contextualizar, globalizar y, al mismo tiempo, reconocer lo singular, lo individual, lo concreto. Asimismo, el saber científico hegemónico, considerado los único capaz desde introdúcenos en los conocimiento verdadero, es Cambiandodesde lugar al ser los *hombre común* los qué reclamación (es su espacio en los discusión en los pertenecer- C ᵃ. los conocimiento científico y sus Aplicaciones en los toda la vida Social.

En este escenario los colegio ocupa a papel central en los capacitación desde los ciudadanos, es decir, desde gente poder desde pensar los *complejidad* desde los situaciones, desde dirigirse a ellos para salir desde día- logos respetuosos de las diferencias, de ensayar soluciones válidas para la mayoría, de poneren jugar los inteligencia, los intuición, los creatividad, los solidaridad y los ética, y desde asumir

La responsabilidad que esto implica. *El papel de la escuela es pues fundamental tal y insustituible en los promoción desde formas desde pensar, desde comunicar y desde Actuar quépermitir los jóvenes se dirigen a la desafíos de su tiempo.*

Quinto carrera: *Vivir 8* , organizado por *marca potenciarte historia*
PARA pesar los aumento económico en muchos regiones los mundo, no sé decir ah finalizado con los problema desde los pobreza. lo hicimos mencionar en a carrera anterior para qué los mundo globo-lisado muestra qué los desigualdad Adelante los los paises Rico y los pobre es cada hora más alto, EntoncesQué los brecha en los en el interior desde cada una desde ellos. *Vivir 8* era a evento para escala mundo, organizado por *Hacer pobreza historia* (Hacer historia los pobreza), los dos desde mes de julio desde 2005, en losqué sé desempeñaron conciertos desde rock en diferente ciudades los mundo los mismo día, movilidadelevación miles desde gente y sincronizando los transmisión en vivo y directo para todo los planeta.este carrera

25

nosotros negociaciones desde los globalización, otro hora, y lugares desde manifiesto los observación desdeNéstor García Cancina (1998): "eso fragmentario es a rasgo estructural desde los procesos globalizadores . los globalización es tanto a colocar desde procesos desde homogeneización Quédesde división los mundo, qué reordenar los diferencias sin borra los".

Es interesante detenernos en este evento. los 1 desde mes de julio desde 2005, los Reino Unidoasume los presidencia desde los Unión europeo y los primero Ministro tono Blair sé se compromete a lugar en los calendario desde trabajo por los futuro los siguiente temas: comercio sólo, reducir-tonelada o condonación desde los deuda externo desde los los países más pobre los mundo, aumento los ayuda económico, compromiso por ayudar para pelear los SIDA. los dos desde mes de julio sé hace los concierto *Live 8,* bajo las mismas consignas, con el fin de instalar en la opinión públicaes calendario desde temas y lograr los Presión mundo en los lideres desde los países más Rico. Vínculo, Líder los grupo U2; Beto Geldof, desde Rosa cuerpo, y otros estrellas internacional-uñas los rock y los show movilizar a porque política. Blair aparecer en los canal desde vídeos musicales reunió por conversar con a grupo desde jovenes en estas temas los rock, los política, los opinión público, los transmisión para todo los mundo por radio y televisión. Desde los sitio desde Internet, Y lo que es más desde proveer información en los tema, sé promovido diferenteComportamiento, Qué por ejemplo utilizar a pulsera blanco Qué símbolo desde adhesión para los causa o Enviar correo electrónica para los diferente lideres politicos Entre los 6 y los 8 desde mes de julio sé recolectar los presidentes los G8 (grupo desde los Siete los paises más Rico los mundo: estado Uni-dos, Francia, Italia, Alemania, Canadá, Japón, Reino Unido, más Rusia) en gleneagles,Escocia. los 7 desde mes de julio sé Produce los ataques terroristas en los pueblo desde Londres.

El desarrollo de este tema va más allá de los límites de este material. solo queremos destacar tres cuestiones. En primer lugar, la significación de la *sincronicidad* de la eventos. En segundo lugar, cómo estas situaciones de terrorismo internacionalcontribuir al clima desde incertidumbre y inseguridad qué venimos describiendo Por último-mes, dejar elevado los pregunta por los juventud en Este, sus diferencias y similitudescon los jovenes latinoamericanos, que seguiremos tratando continuación.

Los jóvenes están cada vez más atravesados por flujos electrónicos globales, que ver a parte cada hora más importante desde los materiales en qué sé Ellos construyeron losnarrativas y versiones desde eso Social y su propio identidad qué individuos dieciséis los cultura

La cultura mundial, la cultura de masas, no actúa sólo en el momento en que se enfrenta a la pantalla, sino que se expresa en la vida cotidiana. Cuando los jóvenes tararean las canciones tonos de moda, cuando usan una camiseta con inscripciones, cuando compran los ropa *desde marca* , ya no es tan frente al aparato desde radio o televisión. Es tan mirando el uno al otrofrente a frente, se comunican más allá de la presencia del médium. Como dice la antropóloga María Teresa Quiroz (2003: 64), está en el cuerpo, en el rostro,en los manera desde hablar, en eso qué sé come, en eso qué sé canta, donde los cultura desde masasse muestra en cada momento. Según Regulen (2000), el vestuario, la música, el acceso a Ciertos objetos emblemáticos constituyen hoy una de las mediaciones más importantes para la construcción identitaria de los jóvenes, que se evidencia no sólo comomarcas visibles de ciertas adscripciones sino, fundamentalmente, como una forma -en- Tres otros- desde comprender los mundo. Ellos son formas simbólico, y no por eso menos verdadero,identificarse con los iguales y diferenciarse de los demás, especialmente del mundo adulto. Así es como lo cultural, es decir, el ámbito de los significados, bienes y productos culturales, hoy tiene un papel protagónico en todos los ámbitos de la vida. Es en el campo de las expresiones culturales donde los jóvenes se hacen visibles como actores sociales. [17] Ecología, paz, derechos humanos, defensa de las tradiciones cienes, la expansión de la conciencia, el rock-incluso el anonimato, el individualismo, hedonismo o consumismo– se convierten en banderas, emblemas que se agrupan, dan identidad y establecer las diferencias entre los mismos jóvenes.

Es importante aclarar qué los jovenes no constituir a grupo ¿homogéneo? No todo el mundo losqué tener los mismo años participar desde los mismo "clase desde años", ya qué no todo el mundo com-salir los mismo características y experiencias vital (formar Pareja, trabajar, alcanzarautonomía económica, estudio, etc.). Más allá de estas particularidades genéricas, los adolescentes y jóvenes Ellos son transportistas desde a cultura Social hecho desde conocimiento,valores, actitudes, predisposiciones, que no suelen coincidir con la cultura escolar y, en en especial, con el programa que la institución se propone desarrollar. Como dice Tenuti Fañan (2000), mientras que el programa escolar mantiene las huellas de la fun-racional (homogeneidad, sistematicidad, continuidad, coherencia, orden y secuencia) único, etc), los nuevo generaciones Ellos son transportistas desde culturas diverso, fragmentado, abierta, flexible, móvil, inestable, etc. La experiencia escolar a menudo se vuelvehacer en a frontera donde sé encontrar y rostro diverso universos cultural.

Luego, a forma posible desde Acercarse es situación es trabajar con los productos y losprocesos desde producción cultural desde los jóvenes, por tratar *escuchar* qué es tan difícil desde decir para a través de desde sus música, su poesía, sus *pintada;* qué es tan difícil desde decir para los SUDOESTE-sociedad en condiciones desde ajustes cognitivo, afectivo y, especialmente, políticas [18] los culturas juveniles ellos actúan qué expresiones qué codificar, para a través de desde símbolos y modismosdiverso, los esperar y los temeroso. los desafíos qué los jóvenes usted pose para los empresa-papá es tan allí, con sus fortalezas y debilidades, con sus contradicciones y desarticulaciones.

Volvamos al *trazo de "Live 8"* para ver cómo el rock y las culturas juveniles que se de- desarrollado en el siglo pasado, especialmente de la mano de los medios de comunicación, ellos responden en este nuevo siglo para a anuncio política y global hecho por estrellasde roca También encontramos algunos indicios de un nuevo tipo de participación política. tic desde los jóvenes: sé observar los tendencia para los adhesión, con a selección Cuidado,

a causas puntuales y no tanto a la militancia tradicional. Según Regulen (2000), estos"compromisos itinerante" deber ser leer Qué formas desde rendimiento política no instituto tucionalizado, como una "política en minúsculas". Los jóvenes, a pesar de sus diferencias, comparten la característica de tener una conciencia planetaria, globalizada, que puedeser considerado qué a vocación internacionalista. Nada desde eso qué sucede en los mundoles es ajeno. Por otro lado, priorizan los pequeños espacios de la vida cotidiana como trincheras por aumentar los transformación global. Reglón dice qué tal hora sé los lata acusarlos de individualistas, pero se les debe reconocer un "principio ético-político general". gallinero": el reconocimiento explícito de no ser portadores de ninguna verdad absoluta en Nombre desde donde ejercer el poder exclusivo.

Captar estos significados nos permitirá avanzar en la comprensión de las diferentes formas en que los jóvenes participar verdadero o virtualmente en los espacio Social y en los toda la vida público, y entoncestrabajar con ellos, desde la escuela, por la ciudadanía del siglo XXI.

multitudes inteligente *(Inteligente turbas)*

Entre 1999 y 2000, Howard Rheingold comenzó a notar que las personas usaban teléfonos celulares e Internet de formas nuevas. En diferentes ciudades del mundo los jóvenes noticias y no entonces jóvenes usado es tecnología por organizarse espontáneamente entorniquete para Comportamiento colectivo, desde esos desde naturaleza política Hasta que los puro divertido.las personas se unen, cooperan en formas que antes no eran posibles porque tienen con dispositivos capaces de procesamiento de datos y comunicación. Sin embargo, están tecnologías poder desde agrandar los cooperación ya ellos tienen probado ser benéficas y destructivas, utilizadas tanto para apoyar los procesos democráticos como por acciones terroristas. A pesar de ello, para Rheingold existe una gran oportunidad para *multitudes inteligentes* : el alfabeto, las ciudades, la prensa no eliminaron la pobreza ninguno de los dos los injusticia pero ellos hicieron posible qué sé ellos crearan empresas cobre-proporciones por mejorar los Salud y los bienestar desde los gente. Deber recordar qué los Las oportunidades más poderosas para el progreso no se encuentran en las tecnologías electrónicas. Caso de lo contrario en los prácticas social.

oro del Rin, Howard (2002) *multitudes inteligente,* Barcelona, Geisha. Página personal: http://www.rheingold.com/ (En Inglés)

Algunos artículos en estas temas, publicado en Educar:

flash mes y *Smart mes* : Crespo, Karina (2006) "La Web: una plataforma paralos ¿creatividad?" en: http://weblog.educ.ar/espacio_docente/webcreatividad/archives/001559. Papilla [Último consulta: 8 desde febrero desde 2007]

Uso de celulares y mensajes de texto: Manzo ni, Pablo (2006) "Los celulares como interfaces cultural", en http://weblog.educ.ar/sociedad-informacion/archives/007547.php
[Último consulta: 8 desde febrero desde 2007]

Así como:

brusco en, carolina (2006): "La publicaciones desde texto, a práctica ¿global?" en http://blog. Educ.ar/sociedad-información/archives/007861.php [Último consulta: 8 desde febrero desde 2007]

A carrera más: los "revolución" desde los TIC

En este más reciente carrera, nosotros interesado destacar, por los termina desde este material, los importancia de que sé considera los *revolución* en los tecnologías desde los información y los comunicación.

"El salto tecnológico que permite digitalizar la información y que fomenta la hipótesis de que en los últimos treinta años ha habido una revolución informacional, se sustenta a la vez en el proyecto de la venganza desde soportes, lógico industrial, culturas organizativo, mercados y regulaciones desde los principal industrias relacionados con producción, tratamiento, procesamiento, almacenamiento y distribución de información. La convergencia es uno de los principales conceptos que merecen ser dilucidados porque es una suma de procesos que inciden en el tuétano de la sociedad informacional. [19]

El análisis de estos *procesos de convergencia,* que se refieren, en términos generales, ala tendencia a la fusión de empresas del mundo del espectáculo, periodístico, producción de software y hardware, telecomunicaciones, en grandes corporaciones, excede los alcances desde este trabajo. Sin embargo, queremos pose dos reflexiones los El primero circunscribe la convergencia al plano meramente tecnológico. La posibilidad de enviar fotos a través de celulares o consultar *ediciones en línea,* que incluyen videos y audios, de diarios del mundo, o escuchar transmisiones de radio por Internet, se produce gracias a procesos de digitalización de la información. la *conversión agencia* es, en este sentido, los posibilidad desde qué a mismo medio, medio ser vehículo desde textos escritos, sonidos, imágenes, vídeos Hoy dia en día lata escuchar los *radio* en a radio, en un ordenador a través de Internet, en un teléfono móvil o de forma grabada en un lector de MP3. Es como si los medios ya no pudieran ser identificados por los dispositivos.

los segundo sé se refiere para los pregunta política desde los convergencia y desde los globalización desde los cultura qué a organizador desde los memoria y los Yo olvido. los pregunta haría -en palabras por Armando Martel art (1998) – si la digitalización del conocimiento pudiera imponerse a nuevo criterio desde universalización, a modo peculiar desde pensar y desde sentir, a nuevo forma desde

30

organizar los memoria colectivo. Al respeto, Beatriz villancico (2002) plantea:

"Los aceleración qué Afecta los duración desde los imágenes y desde los cosas, afectar-ta también memoria y recuerdo. Nunca como ahora, fue el recuerdo un tema tan espectacularmente social. Y no se trata sólo del recuerdo decrímenes cometidos por las dictaduras, donde la memoria social mantiene el deseo de justicia. También se trata de la recuperación de recuerdos. culturas, la construcción de identidades perdidas o imaginadas, la na- ración de versiones y lecturas del pasado. El presente amenazado por la el desgaste por aceleración se convierte, a medida que avanza, en una cuestión de la memoria. Entre la aceleración del tiempo y la vocación memorialista hay coincidencias (...) Recurrimos a imágenes de un pasado que son cada una más y más imágenes de lo último. Para resumir: cultura de la velocidad papi y nostalgia, olvido y aniversarios. Por eso la moda, que capta bien la era, cultiva con igual entusiasmo el estilo retro y la búsqueda de novedad".

los tecnologías ellos son los elemento evidente desde los comunicación y transporte, qué sé decir ahvisto, un modelo cultural. Con las TIC hay un tipo diferente de percepción del mundo, desde vivir, desde trabajar, desde enseñar, desde aprender. Y lo que es más, qué posa Dalton (1999):

"Pocos sectores tan vitales para la sociedad contemporánea son tan regalo qué los comunicación tecnológico. los historia los teléfono, losel cine, la radio, la televisión, la informática tiene sólo un siglo de toda la vida. Pero los rupturas introducido por están técnicas ellos tienen estado entonces violento y séellos tienen LED para capa entonces rápidamente, qué Parece qué es tan allí desde Siempre".

Sin embargo, la tecnología no es suficiente para cambiar la comunicación dentro de la sociedad y mucho menos otros problemas Qué los desde los coexistencia cultural en los pechode la comunidad internacional. Hay una diferencia entre la velocidad de circulación desde los publicaciones y los lentitud desde los cambios en los prácticas social. vamos a reanudar estetema más adelante, sin embargo, queremos plantear el tema usando palabras brazos del mismo autor:

"Si una tecnología de la comunicación juega un papel fundamental es porque simboliza o cataliza una ruptura radical que existe simultáneamente en el cultura de esa sociedad.

31

En principio, lo que es un potencial indudable para el quehacer pedagógico es la posibilidad que ofrecen las nuevas tecnologías para democratizar la producción y convertir sus herramientas en instrumentos desde Autor. los posibilidad desde *personalizar* estas recursos dependerá desde los contextos desde apropiación significativo qué cada institución colegio lata construir Adelante todo el mundo los agentes y asignaturas qué participar en sus Proyectos desde integración.

Las escuelas y los docentes en un mundo de cambios:
los punto desde salida por empezar trabajar
En los trazos tenemos indicado algunos elementos característica los mundo Actual y, para par- Disparo desde allí, tenemos elevado preguntas y reflexiones con los final desde lata articular y construir nuevo propuestas desde enseñando.

El especialista en educación Andy Margraves señala que la enseñanza, en la actualidad,es una profesión que sufre la tensión de dos fuerzas, entre otras. Por un lado, se espera que los docentes sean capaces de conducir un proceso de aprendizaje que les permita desarrollo de capacidades de innovación, flexibilidad, compromiso y, en este sentido, convertirse en promotores o promotoras de la sociedad de la información y el conocimiento y todas las oportunidades que promete. Por otra parte, se espera que los maestros y los escuelas mitigar y contrarrestar problemas desde nuestro tiempo, quélos profundo desigualdades económico y en los acceso para bienes simbólico, los excesivo consumismo y la pérdida del sentido de pertenencia a la comunidad.

La integración de las TIC en la educación puede generar nuevas presiones en el desarrollode las tareas habituales de un docente y en sus formas de enseñar. Trabaja con tecnología- tecnologías audiovisuales e informáticas requiere adquirir nuevos conocimientos, yendo más allá de la propio disciplina qué sé es enseñando y mantenerse *actualizado;* Entonces Qué ofrecer, otra enseñanza de las materias, enfoques acordes con los cambios que la nueva tecnologías provocar en condiciones desde producción científico, y pertinente en relacióna los problemas globales. Implica reflexionar sobre las propias prácticas y diseñar espacios y tiempos en los que se desarrollará la enseñanza.

"El curso del progreso educativo se parece más al vuelo de una mariposa que al trayectoria de una bala", es la metáfora con la que el especialista en educación PhillipeJackson (1998) describe la actividad en las aulas y se refiere a situaciones imprevistas, único, inestable y indeterminado en los es necesario improvisar. Así como pasa-real academia de bellas artes esta con los TIC. Aquí, los pericia, los creatividad y los sensibilidad -todos aspectos desde losintuición–, equilibrando las fuerzas de la razón, la reflexión y la explicación, será unvalioso fuente a recuperar para orientar el tarea del maestro. Veinte

Ya hemos empezado a plantearlo: los cambios culturales corren a una velocidad diferente a lalos innovaciones tecnológico. Eso mismo sucede con los capacitación profesor y los prácticaspedagógico Eso importante es emprender los manera desde los exploración y los experiencia-ción por los incorporación desde los nuevo tecnologías con los claridad desde qué están no Ellos sonun fin en sí mismos, sino medios y formas de adquirir formas más pulidas y refinadas decomprensión. Tener en mente este objetivo permitirá evitar los pirotécnica, los sensacionalismo y los estragos desde eso qué Gastón manteca de cerdo denomina "interesar impuro" o los falso centrosde interés que distraen al estudiante del conocimiento genuino.

En el contexto de la incorporación de nuevas tecnologías en el aula, las preguntas fundamentales a la hora de pensar en una propuesta didáctica siguen siendo: por qué qué, por qué y qué ¿enseñar?, Discúlpame organizar los ¿enseñando?, qué y Discúlpame ¿evaluar?,
Desde qué modo deber educar por mejorar los condición ¿humano? Apuntamos Siempre para bebida decisiones fundamentado y consistente y para plan, comprensión qué esta divertido-moneda, qué dice Pedro Bourdieu (1997), Qué a "marco" y no a "Horca". Abierto,flexibles, revisables, los planes deben funcionar como guías de trabajo, ya queson, en palabras de Dino Salinas Fernández (1994), "hipótesis que se ponen a prueba",especialmente cuando para el maestro el uso de Las TIC son algo nuevo.

Sigamos ahora hacia los siguiente Apartado, donde presentaremos algunos teclas porintegrar los Las TIC en la escuela. I.
Teclas por integrar losTIC

Primero llave: Construir los relación con los tecnologías
Las percepciones y expectativas que tenemos sobre las virtudes y potencialidades características de las nuevas tecnologías influyen en el tipo de enfoque y uso que hagamos desde ellos. Según investigación reciente [21,] los maestros estar de

acuerdo en reconocer como aspectos positivos que las TIC facilitan la tarea pedagógica, mejoran la calidad la educación y ampliar las oportunidades de acceso al conocimiento. Por otro lado, Muchos percibir qué aspectos negativos, los sensación desde "deshumanización desde los enseñar- manía" y los creencia desde qué los tecnologías ellos pueden alentar los "familiarísimo" en los estudiantes.

Frente a este campo de opinión, es oportuno recordar que las tecnologías tienen unos parámetros de actuación individual y social. Es decir, facilitan diferente tipos desde Comportamiento, interacciones, organizaciones, aprendizajes, etc, y impedirotros. Esta es, en pocas palabras, la definición de *providencias* [22], un concepto que no tiene una traducción literal al español pero podríamos decir que se entiende en términos min relacional: la tecnología nos ofrece ciertas *oportunidades* y creamos, compartimos significados, representaciones, valores, y nosotros desarrollamos ocupaciones y aplicaciones
Favoritos alrededor desde ellos. En este sentido, en los utilizar, en los relación qué establecemos con las tecnologías, ellas nos cambian y nosotros las cambiamos.

Es importante destacar, así como, qué los contexto en qué los Interacción con los tecnología de- raro interviene significativamente en los definición desde los ¿experiencia? Nuestro Enlace con los tecnología no sé hace desde forma aislado: los diverso patrones desde adopción y desde utilizar resultado desde los diferente prácticas social en los sé insertar, y no desde los tecnologías en sí extrañar- más. los representaciones cultural juegan a papel sobresaliente en los percepción Social desde los posición y los naturaleza desde los tecnología, los ejercicio para llevar a cabo con su y los valores qué sé dar al reunión. Esta es a idea importante qué Muchos autores enfatizar por no incurriendo en los *determinismo tecnológico,* según los cual los tecnología es los solamente porque desde los cambios cognitivo, desde los prácticas social, desde los ideas y desde los formas desde vivir en sociedad. En es línea desde pensamiento, muchos ellos cayeron en los simplificado Explicación desde qué los escribiendo, los la alfabetización y la imprenta, especialmente, trajeron la libertad religiosa en Occidente, los revolución industrial y científico, los orígenes desde los democracia y los capitalismo, etc En opuesto, otros autores ellos tienen mostrado qué no es los tecnología desde los escribiendo en sí mal-mamá los qué porque desarrollos cognitivo nuevo, Qué por ejemplo: categorización, memoria, razonamiento lógico, etc, de lo contrario los procesos desde enseñanza involucrado, los evaluación Social

34

desde están ocupaciones y los conformación desde dispositivos institucional qué los empujar y estimular. 23 este es una desde los Sentidos en qué nosotros posamos qué los relación con los nuevotecnologías sé construir. Es por que, así como, qué en este módulo nosotros vamos para hablar desde los TIC en condiciones desde *oportunidades* , desde posibilidades desde acción percibido en torniquete para ellos, desde retos, y no tanto desde efectos Qué algo qué podemos predecir.

Crear contextos desde aprendiendo con TIC
Con el fin de lograr una mayor claridad expositiva y, al mismo tiempo, tratando de evitar lo que según lo dicho sería una visión reduccionista del asunto, ordenaremos y pro- En este apartado problematizaremos algunas de las aportaciones u oportunidades de la nueva tecnologías según diferentes enfoques.

Desde a perspectiva instrumental, Pudimos decir qué los principal contribuciones desde las nuevas tecnologías hasta las actividades humanas se concretan en una serie de funciones montones qué facilitar los realización desde los tareas, porque están, ser los qué ser, Siempre requieren cierta información para llevarse a cabo, un cierto proceso- yo miento esta Y a menudo, de la comunicación con otras personas.

En condiciones general, los nuevo tecnologías facilitar los acceso para los información en mu-tipo y clasificado temas, en diferente formas (textos, imágenes reparado y en movimiento, sonidos), paraa través de desde Internet, los CD ROM, los DVD, etc Y así como ellos son instrumentos qué permitir:

procesar datos de forma rápida y fiable: realizar cálculos, escribir y copiar texto, crear bases desde datos, modificar imágenes; por eso existen programas especializado: sale de hojas de cálculo, procesadores de texto, administradores de bases de datos, editores gráficos, imágenes, sonidos, videos, presentaciones multimedia y páginas web, etc;

Automatizar tareas;

Almacenar grandes cantidades de información;

Configurar comunicaciones inmediatas, síncronas y asíncronas 24,

35

Trabajar y aprender colaborativamente;

Producir contenidos y publicarlos en la Web;

Participar en comunidades virtuales.

Ahora bien, más allí desde todo eso qué podemos hacer, cual haría los oportunidadesen el campo educativo? Se podría comenzar afirmando que lo que nos permite avanzar en un nuevo entendimiento es ver que las TIC son un conjunto de herramientas con las que los individual interactúa desde forma activo formando -Qué proponer Gabriel Silo-non, David Pekinés y Tañar Globo son (1992), investigadores de tecnología y educación: una *asociación intelectual* que le permite realizar tareas más eficiente y en menos tiempo y también utilízalos como "herramientas" pensar" [25].

En las últimas dos décadas ha cobrado fuerza la perspectiva de la "cognición distribuida". Da". Es decir, considerar la inteligencia humana como distribuida más allá del reino los organismo propio, abarcando para otros gente, apoyándose en en los medios de comunicación simbólicoy aprovechando el entorno y los artefactos. En palabras de Pekinés, sería la "persona na-más" el medio ambiente. Es decir, la persona puede mejorar su *desempeño,* ampliar su capacidades o ir más allá, lograr cambios profundos en sus procesos de comprensión. Sion. PARA los TIC qué oferta a *asociación* o *colaboración intelectual* sé los decir ah llamado "instrumentos cognitivo" o "tecnologías desde los mente" porque potencialmente permitirel alumno a pensar a un nivel que trascienda las limitaciones de su sistema cognitivo. Para los autores mencionado, "los sitio de construcción desde a persona en colaboración con los tecnologíapodría ser mucho más 'inteligente' que el trabajo de la persona sola". [26] Advierten, sin Sin embargo, esa colaboración requiere esfuerzo y que si se busca un desarrollo superior, anterior, el estudiante debe participar de manera comprometida, con atención voluntaria (en forma "no automática") y dirigir cognitivamente la tarea cumplida. Solomon (1992) señala qué es *asociación intelectual* es análogo para los situación qué sé despierta Cuándo a grupode las personas reúne sus capacidades mentales para resolver conjuntamente un problema,pose a estrategia o crear a diseño complejo. Según los Autor, "Algunos ellos dominaranciertos temas y al exteriorizarlo le darán a los otros miembros de la grupo desde utilizar procesos qué no pudo utilizar solo". Ahora bien, dado este escribedesde asociación, lata pregúntanos donde reside los inteligencia. los Autor Explicar: "Sépodría argumentar que la inteligencia no es sólo una cualidad de la mente, sino el cual es producto de la relación entre las estructuras mentales y las herramientas internas. Delictuales proporcionados por la cultura. Pekinés (2001) comenta que pensar y aprendizaje distribuido en la persona-más aparecen más claramente en situacionesen el que se desarrolla una auténtica y amplia indagación: un alumno que elabora un prueba, a publicidad qué pensar a Campana, a director qué hace a película, a ingeniero qué diseños a puente. Según este Autor, en educación, generalmente, los enfocar

Y centrar en los persona "solista", qué usos enciclopedias, libros, textos, materiales porestudio, pero para ejecutarlo rara vez se le proporciona algo más que un lápiz y papel. Ya qué por los Autor los persona solista no es plausible en los toda la vida verdadero, enfatiza quélos escuelas Ellos deberían ayudar para los estudiantes para encargarse de *los Arte desde los cognición repartido*. Además, el uso efectivo del medio ambiente no ocurre automáticamente, solo porque está ahí, disponible. Si no se les enseña, los estudiantes tienden a ignoraralgunos desde los cima aplicaciones desde los "estructuras desde apoyo físico, simbólico o Social" quées tan para su alcance. Por ejemplo, los resúmenes, títulos, índices y los conocimiento desde losestructuras textuales forman parte del sistema de soporte simbólico para llevar a cabo a leyendo eficaz. Sin embargo, sin capacitación en estrategias desde leyendo, los estudiantes noellos pueden llevar ventaja desde ellos y generalmente leer linealmente desde los comenzando Hasta que los final.

Si pensamos en las TIC, encontramos oportunidades para cultivar todo tipo de habilidades relacionadas con la distribución ingeniosa del pensamiento y el aprendizaje. los *teclas* son, de alguna manera, una orientación en ese sentido.

Muchas veces se ha sugerido que, dado el creciente aumento de la información disponible,noble en Internet, ya no haría entonces importante enseñar contenido de lo contrario habilidades pormanejando esa información. Sin embargo, desde la perspectiva que estamos presentando Sin embargo, esta distinción es infundada, ya que un aspecto fundamental en el arte de la cognición distribuida es la enseñanza del conocimiento. detengámonos en esto punto. En general, la comprensión de una disciplina no implica sólo el conocimiento los "nivel los contenido" (hechos, procedimientos), de lo contrario así como eso qué puede que llamadoconocimiento desde "pedido más alto", sobre desde los estrategias desde resolución desde problemas, estilos desde justificación, Explicación y características investigador los dominio en señales-tino, porque es este nivel los qué afecta en los capacidad desde hacer, desde clasificar problemas,proponer enfoques, etc. Estas estrategias y modelos proporcionan los principales caminos de los cuales elegir el comportamiento relevante en el dominio, y son los que infunden significado a las actividades relacionadas con ella. Careciendo de la estructura depedido más alto, los artista intérprete o ejecutante ir limitado en su opciones Estar de acuerdo con Pekinés,

"Una perspectiva centrada en la persona-plus señala que los parámetros y trayectorias básicas del desarrollo humano pueden cambiar dependiendo de qué comúnmente podrían considerarse matices del entorno y de la relación de la persona con él. Y seguramente es posible imaginar un proceso educativocautivo qué sé este en más alto la licenciatura hacia los persona-más, fortalecimiento estudiantes a acumular más conocimiento y arte en relación con el recursos cognitivos proporcionados por los medios físicos y humanos que rodearlos; empoderando realmente a los estudiantes para construira su alrededor su "más" personal, su propio entorno para un programa que

En síntesis, los sentido desde construir los relación él por los lado desde enseñar para aprovechar los sistemas desde apoyo en situaciones auténtico y dar los herramientas por los conocimientodesde orden superior.

Ahora, ampliando la mirada con una perspectiva social y política, las escuelas que apunten a los jóvenes a hacer un uso significativo de las TIC y aprovechar los sistemas de apoyo a la cognición, abrirán las puertas a nuevas posibilidades de acceso a una mayor flujo de información, mayores ocasiones para el acercamiento a fuentes de enseñanza- acné y oportunidades laborales. Porque lo que veremos en este módulo, las tecnologías de la información y la comunicación no son simplemente un medio, un medio o una herramienta

para desarrollar la inteligencia, sino un espacio multidimensional, público, colaborativo, para la construcción a partir de ideas, conceptos e interpretaciones, la organización y la acción. Las TIC aportan un espacio que puede integrar y complementar los quehaceres del aula, especial-mente en la experimentación y aprendizaje de otras formas de conocer y otras formas de expresarse, comunicarse y hacerse visible. Además, la mayor disponibilidad de información

38

se aprovechará mejor si se enseña a los jóvenes a hacer preguntas y resolver los problemas con enfoques novedosos, pertinentes y significativos (conocimiento-mente de orden superior). Por último, pero no menos importante, estamos ante posibles ocasiones para habilitar, animar y preparar a los jóvenes para la participación en la vida social y pública con ideas y criterios propios. Así, los mayores y un mejor acceso a las oportunidades que brindan las TIC contribuirían a la democratización

Medios para la participación

Howard Rheingold -autor ya mencionado en este material- piensa lo que la nueva te- neología, lo que los teléfonos celulares y las computadoras en red, pueden ser utilizados lo que significa para la participación en democracia. Aquí resumiremos algunas de sus propuestas con relación a este tema.

Aprender a utilizar estas tecnologías, comunicarse y organizarse puede ser la competencia ciudadana más importante que deben incorporar los jóvenes.

La voz pública es una forma de unir competencias mediáticas y compromiso cívico. Los jóvenes que participan en las redes sociales en línea acceden a otros espacios de la ciudadanía, ya que no solo consumen sino que también crean en los entornos digitales: buscan, adoptar, sé apropiado, inventar formas desde participar en los producción cultural.

• Los jóvenes a menudo se guían unos a otros en el uso de las TIC, pero también necesitan orientaciónpensando en cómo aplicar estas habilidades en los procesos democráticos. Los medios de comunicaciónpor los participación ellos pueden ser a herramienta poderoso por alentar para los jóvenes para comprometerse, con su propia voz, en los temas que les conciernen. Tómalos de la expresiónSión privado para los público lata ayudarles a para convertirse en los autoexpresión en otros formas desdeparticipación. La voz pública se aprende, y es una cuestión de compromiso consciente para a público activo, más qué a sencillo difusión desde publicaciones para a audiencia pasivo.

• los voz desde los individuos reunidos y en diálogo con los voces desde otros es los base vaina-mente de la opinión pública. Cuando tiene el poder y la libertad de influir decisiones públicas y surge del debate abierto, racional y crítico entre pares, puede ser a instrumento esencial por los gobernación.

• los hechos desde comunicación ellos son fundamental en los toda la vida política y cívico desde a desde- democracia. Demostración para los estudiantes Discúlpame utilizar los TIC por informe al público, darel apoyo a causas, la organización de acciones en torno a determinados temas, los medios de participación citación ellos pueden insertarlos en sus primero experiencias

39

positivo desde ciudadanía.

- los producción en los medios de comunicación es diferente desde los producción desde, por ejemplo, bienes economía- monos, porque tener los capacidad desde persuadir, inspirar, educar, guía los pensamiento y creencias. El poder técnico de las redes de comunicación es importante porque multiplicalos capacidades humano y social Preexistente desde formar asociaciones qué hazlo posible Comportamiento colectivo. los redes electrónica permitir aprender, discutir, deliberar, organizarse para escamas mucho mayor que y para ritmos para los antes de no era posible. los cultura participativodebe centrarse en la expresión y la participación en la comunidad. estos nuevos competencias qué sé asociar para los esfera Social desde colaboración y participación deber asentir-cizaña en los literatura tradicional, los habilidades técnicas y desde pensamiento crítico.

de la sociedad en general y proporcionaría a los estudiantes y las comunidades un va-señor añadido a su propia educación, formación y desarrollo.

los enseñando y los tecnologías

Poder decir qué, en forma paralela para los difusión desde los medios de comunicación desde comunicación y losnuevas tecnologías en el mundo del trabajo y del ocio, sistemas educativos ellos tienen intentado, con más alto o menos éxito, incluirlos en los prácticas desde enseñando. En li-se acerca general, sé decir ah partido desde a visión centrado en los posibilidades los medio, medio, pormotivar para los estudiantes y facilitar los entendimiento de el contenido curricular

Sin perjuicio de lo anterior, se observa que la incorporación de nuevas tecnologías en la la educación genera, con cierta frecuencia, "ciclos de fracaso". [27] Cuando una tecnología es desarrollado y arrojado al mercado, aumentar varios intereses y factores qué tender paraapliquelo para los solución desde problemas educativo. Desde es forma, sé generar Expectativasqué no sé ellos cumplen Crece los percepción desde qué los utilizar es inadecuado y improductivo voto, produciendo el efecto paradójico de reforzar los viejos moldes educativos que se destinado a transformar. Esta sé explicaría, Adelante otros factores, por los creencia desde quéla incorporación de las nuevas tecnologías *per se garantiza* el cambio educativo y justifica Es eso qué sé denomina *enfocar tecno céntrica*. O, por los contrario, los tendenciaasimilar las

40

nuevas tecnologías a las prácticas educativas existentes y utilizarlas parahacer que qué coincide con los filosofía y prácticas pedagógico predominante

los inclusión desde nuevo tecnologías lograría resultado a innovación sí fueron acompañado desde cambios conceptual en los concepción desde su utilizar y desde los reflexion en por qué y por qué usalos, usalos a ellos, cual Ellos son los contribuciones y qué escribe desde aprendiendo sé lata promover con ellos.

Es importante detenerse un momento en este punto para enfatizar la necesidad de tener en cuenta la *dimensión humana* cuando se busque promover transformaciones de estenaturaleza. En la adopción de las TIC, no sólo hay consideraciones sobre oportunidades de aprendizaje, pero también *problemas de personas* involucrado en proceso y marcos institucionales en el cual se produce

Las formas de pensar y las formas de hacer, de realizar el trabajo, están asociadas, entre otras cosas, a las tecnologías utilizadas (libros, tizas y pizarrones, etc.), y son profundamente arraigado en las personas –docentes, directivos y estudiantes– y en la culturas institucionales. Esto es parte de lo que se llama *conocimiento tácito, conocimientos prácticos, teorías implícitas* o *esquemas prácticos de acción* . Alguien desde están denominaciones, haciendo énfasis en Algunos aspectos más qué en otros, puntospara explicar qué sé golosinas desde a conocimiento qué solo lata ser formalizado parcialmente, que se ha ido acumulando a lo largo del tiempo a través de los procesos de aprendizaje de los propio práctica pedagógico, y qué sé aplicar en vista de a variedad desde situaciones hormigón yirrepetibles, articulando respuestas complejas. [28] Son teorías personales implícitas sobreenseñanza y aprendizaje que también han sido reconstruidos sobre el conocimiento pedagógico elaborar y transmitido en los capacitación. Están teorías o esquemas no habladotienen fuerza determinante en relación con las prácticas, en el sentido de que permiten regularlos y controlarlos, y también tienen cierta estabilidad.

En definitiva, se trata de un tipo de conocimiento experiencial, representado en imágenes o esquemas, desde personaje subjetivo, personal y situacional y para los hora propio desde a colectivoprofesional. Tener esto en cuenta nos permite comprender que enseñar no es simplemente Aplicar a reanudar y cumplir con los objetivos desde contenido, porque permanentementeDesarrollamos tareas que no pueden regirse por manuales de procedimiento opor de planificación. Considerar

41

los conocimiento tácito sé devoluciones fundamental Cuándo sé promover procesos de cambio.

Esta forma de entender lo que configura y sustenta los principios de acción a su vez, permite entender que la incorporación de una nueva tecnología puede implicar profundas transformaciones en formas arraigadas de hacer las cosas y la revisión desde Algunos suposiciones en los conocimiento y los disciplinas, en los enseñar, los aprender-Correcto y cómo aprendemos a enseñar.

Asimismo, debemos considerar que al incorporar las TIC y cambiar la propuesta de la enseñanza también modifica, por un lado, el tipo de aprendizaje y desempeño que esperamos desde los jóvenes, esta es, su *condición desde estudiante*. Y, por otro, sé los embarcaren otros usos de la tecnología a los que, quizás, no están acostumbrados (o, directamente mente, no ellos tienen Teñido acceso). los investigador en educación Gary Fenstermacher (1989:155) dice que "la *tarea central de la enseñanza es permitir que el alumno realice las tareas los aprendizaje"* [29] – a los denomina "estudiante " - y dar apoyo para los acción desdeestudio. Es decir, los Profesor deberían instruir para los jovenes sobre desde los procedimientosy exigencias de su rol como estudiante, quien además de realizar las tareas de aprendizaje, "Incluye tratar con maestros, arreglárselas con los propio compañeros, afrontar frente paralos padres los situación desde ser estudiante y así como control los aspectos no académicade la vida escolar".

Entendemos que ellos, a través de las actividades que han realizado, las evaluaciones qué ellos ellos tienen estado presentado, los estilos desde los maestros para los qué ellos tienen Teñido qué adaptar- y las rutinas de la institución, también han desarrollado un *conocimiento tácito,* algunas formas de *ser estudiante* y, por supuesto, una serie de estrategias y "trucos" parajugar los jugar desde los relación pedagógico Luego, al ser modificado los tareas desde He aprendido-zona, los rutinas, etc, ellos tendrán qué unirse al cambiar y avance hacia nuevo modosdesde "estudio" y hacia los incorporación desde los TIC Qué apoyo físico para los cognicióny formas de aprender a ejercer la ciudadanía. Es decir, aunque tengan contactofuera de la escuela con las nuevas tecnologías, tendrán que aprender a aprender con utilizarlos en otros contextos y para otros fines, y enfrentar el desafío de pensar fuera de la caja.Modos nuevo.

Este es otro de los sentidos en los que decimos que la relación con la tecnología debe ser constrúyelo.

Los jóvenes y las nuevas tecnologías

Otro aspecto que queremos plantear para esta construcción se deriva de lo anterior recientemente y de la observación sobre el abordaje y uso de las TIC realizada por el jóvenes qué tener acceso para ellos. En primer lugar, los jóvenes ellos aprenden para úsalos, úsalos a ellosen la vida cotidiana, por ensayo y error, del juego, de manera informal, implícita, intuitivo, visual, preguntarse y Proporcionar Adelante sí instrucciones sencillo,

Trucos y recomendaciones, con fines especioso de información, entretenimiento y comunicación. A diferencia de muchos adultos, entienden rápidamente el *idioma. de botones* y navegar con facilidad en la complejidad de las redes informáticas. Parece que, como dicen Jesús Martín Barber y German Rey (1999), están dotados de una "plasticidad neuronal" y una "elasticidad cultural".

En segundo lugar, se puede afirmar que son prácticas que tienden a generalizarse entre ellos por ser un símbolo de pertenencia a ciertos grupos. [30] Es decir, más allá de la facilidadencuentran en el manejo de estas tecnologías, hay una especie de estímulo para usarlas para ser fuente de diferenciación social.

investigaciones recientes indican que los jóvenes, en su marco de posibilidades, ellos usan a amplio espectro desde medios de comunicación y accesorios. Estas sé distinguir Adelante"medios de primer plano" y "medios de fondo". Los primeros son el foco de atención, tiempo qué los segundos inventar a ambiente agradable en los qué trabajar y divertido-vomitar Además, con frecuencia usan dos o más al mismo tiempo. Esta capacidad esdenomina *Tarea múltiple*.
los aprendiendo en torniquete para los posibilidades desde los tecnologías
Una última perspectiva, en la que propondremos reflexionar sobre la construcción desde los relación con los TIC, puntos para piensa en ellos en los marco desde los cultura y los sociedad. EsEs decir, las tecnologías se desarrollan en contextos distintos al escolar y nos relacionamos con ellas también en otros ámbitos.

43

Un proceso repetidamente verificado en la historia de los medios indica que, cuandocomienza esa historia, las personas establecen un vínculo con el nuevo medio que es resolver predominantemente en los Contacto, ligado para los fascinación qué produce aprox.- yeguas para los novedad tecnológico. En a segundo escenario, ellos empiezan para articular a consumodiscriminados por contenidos y áreas temáticas. Es sólo en un tercer momento cuandoel medio está en condiciones de asumir variaciones en la expresión de los contenidos ydar paso a la diferenciación en las formas de contar, en la estética utilizada, etc. para mí- hizo qué sé ir desarrollando esos etapas, aparecer los diferenciaciones en los apelaciónal destinatario y en la segmentación de perfiles de destinatarios.

este es los sentido en los qué los relación sé construir: pensemos, por ejemplo, en los su to- estuario los películas y los televisión. los experimentación y los aprendiendo en torniquete para sus codigos yposibilidades expresivo, por parte desde productores y cineastas Y para los hora, los responderdel público y su paulatino *aprendizaje para verlos* y familiarizarse con ellos. las primeras peliculas campo de tiro al blanco sé parecían al teatro, los primero programas desde televisión Ellos eran qué los radio, etcEn es línea desde razonamiento es lógico pensar qué los aplicaciones iniciales desde los TIC girar enen torno a formas pedagógicas más conocidas.

Evidentemente, pensar en lo nuevo es posible desde la herencia del pasado y pregunta los paradigma existente. Es a oportunidad por generar proposiciones por losrenovación los pedido establecido. Pero con los ideas nuevo o renovado así como reforma- álamos nuestro realidad Regalo y futuro, porque no solamente sabemos más, de lo contrario porque sé han abierto puertas por otros territorios no conocidos Esta es a desafío, a apuesta y a oportunidad, porque lata bebida los tensión qué sé forma Adelante los certeza y los incertidumbre mas tonto qué a auténtico Gasolina por pensar, hacer ciencia o crear. [32]

La lección que podemos aprender de los cineastas, productores, directores en el medios y TIC es que se involucran con la tecnología, experimentan, buscan, estudian, ven lo que otros están haciendo al respecto, tratan de innovar, en un y volver con las audiencias, públicos y usuarios. Las formas expresivas en el cine y la televisión, entonces qué todo el mundo los desarrollos con TIC no aumentar desde a hora y por Siempre: sé ir renovando, edificio. Nosotros pensamos, entonces, qué los incorporación desde tecnologías de la información y la comunicación a la enseñanza puede ser percibida como un oportunidad para un cambio significativo y no como una respuesta a la presión social para actualización de tecnología.

En definitiva, comprender la dimensión social, cultural e histórica de los cambios que suceder en los formas desde registro y transmisión desde los conocimiento construido socialmenteté nosotros Permite comprender por qué los tecnologías desde los información y los comunicación no se entienden como *una herramienta más* sino como un profundo cambio social y estructural en los formas desde conceptualizar y concebir los mundo qué nosotros rodea; y por eso tanto, en los formas desde acceder, aprender y saber los alrededor. Teniendo en cuenta esMira, tendremos elementos nuevo por repensar nuestro suposiciones pedagógico y

Decisiones sobre qué, para qué, por qué y cómo, que orientan la inclusión de las TIC en elenseñando. Reflexionar sobre este marco social y cultural también nos proporciona la oportunidad definir un uso con significado y que agregar valor a las propuestas.

Segundo llave:los volumen desde los información
Internet es a neto mundo desde ordenadores interconectado qué Cuota información y recursos En el uso cotidiano, los términos *Internet* y *World Wide Web* (del inglés, "telaraña desde ancho mundo"), conocido así como Qué los Web o los Neto, con letras mayúsculas, sé emplear indistintamente Sin embargo, con los final desde lata aprovechar los potencial educativo qué están tecnologías oferta, deber saber qué no Ellos son eso mismo. los Neto es a sistema desde información mucho más reciente qué emplea Internet qué medio, medio desde transmisión.

Se sepa o no cómo funciona Internet, una de las ideas que circula es que es como una gran biblioteca, donde podemos encontrar casi cualquier cosa. hay una percepción disponibilidad ilimitada de información, voces, puntos de vista, recursos, etc., lo que puede ser abrumador. Tanto es así que se hace referencia a este fenómeno en el textos especializados como *hiperinformación* , *sobreabundancia de información* , *datos smog* , *avalancha* , *inundación,* etc. [33] Cabe señalar que existe una diferencia sustantiva Adelante *información* y *conocimiento* : es mentiras en los ejercicio cognitivo desde los asignaturas. Es mucho los información para los qué lata acceder, pero otro cosa es los conocimiento contras-verdadero en base para su, bien este implica procesos idiosincrático por su apropiación ytransferir, y sé elaborar en base para a neto desde conexiones significativo por a tema,en una situación específica y en un contexto específico de práctica. 3. 4

Qué mencionamos en los llave anterior, fundamento en los revisión para los esquemático transmitir-Sión desde conocimiento entendido solo Qué información (datos, definiciones, etc) qué los estudiantes Ellos deberían adquirir (memorizar), Muchos autores y maestros poner los énfasis enlos crecimiento desde habilidades complejo, Qué desarrollar en los estudiantes los espíritu crítico y habilidades por los conduciendo desde los información, ya qué por almacenar información es tanlos máquinas, qué eso hacer mejor. Sin embargo, este entusiasmo por dividir los tareas Adelante seres humanos y máquinas nosotros lata hacer olvidar qué nosotros necesitamos memorizar, recordar, por armar a base desde información y conocimiento desde pedido más alto qué nosotros permitiráluego, Adelante otros cosas, configurar nuestro criterios por evaluar los datos qué encontremos en Internet. los pensamiento no sé da en los vacío, de lo contrario qué es impulsado y soportado por los conocimiento adquirido, tanto en los forma desde hechos específico qué en los comenzando desdeorganización y razonamiento. Qué dice emily Carpa Fanfán (2005: 115-116):

Podría decirse que este énfasis en el desarrollo de facultades complejas, Cuándo él desde los mano desde a depreciación desde los idea desde educación qué apropiación (y no qué memorización) desde conocimiento y capital cultural,en general, lata tener Consecuencias negativo. En efecto, los preferencia anterior-colusivo por los creatividad y los capacidades críticos lata Quédate en bien intenciones Cuándo sé autonomías y sé se opone para los idea desde educación qué
apropiación desde los frutas desde los cultura y desde los civilización [...] los creatividad ylos conciencia revisión constituir conceptos vacío sí no ir acompañado pora fuerte énfasis en los dominio desde esos herramientas desde pensamiento y desde acción qué los de los hombres ellos tienen desarrollado, encriptado y acumulado para eso longitud desde su historia. En ninguna cambiar desde los ejercicio humano, tanto científico-tanto técnicas como estéticas o deportivas, son más propensas a inventar ycrear los qué sé ellos tienen apropiado desde esos

46

elementos cultural previamente desarrollado [...] los saber acumulado tener esta virtud: no solo es conocimientohecho, de lo contrario así como método, estrategia, instrumento, recurso por criticar ysuperar eso dado. Esta es a característica desde los cultura contemporáneo. En otros palabras, Cuándo sé golosinas desde conocimiento y competencias complejo, los reproducir- dicción es íntimamente ligado para su propio producción renovado. los culturacomplejo sé conservas y transformar en a mismo movimiento".

Lo que estamos sugiriendo es que la enseñanza de estas habilidades debe llevarse a cabo juntos con el conocimiento de primer orden y los de orden superior.

Habilidades por los conduciendo desde los información
A) Sí qué nosotros necesitamos comprender desde algunos modo Discúlpame los bibliotecarios pedido y saboreo- Logan los libros (y todo el mundo los materiales qué lata encontrar en los bibliotecas) para dar _ con que qué lata Sírvanos, por encontrar información en Internet deber aprender- Correcto para utilizar los herramientas desde búsqueda y comprender su lógica. A desde están herramientas, los más usado, ellos son los *motores desde búsqueda.* Básicamente, entramos los palabras llavey qué resultado es probable qué vamos a llegar cientos desde miles desde referencias, aunque notodos los es tan en Internet. Nosotros encontramos su frente para dos problemas. Por a lado, los sitios invisible para los motores desde búsqueda (Reloj los caja *Internet invisible)* y, por otro, el problema de la relevancia. La información aparece desordenada y fragmentada.No existe normas estructuración. los los motores de búsqueda permitir encontrar los información, pero no los organizar. Esta lata llevar al desconcierto. Por que, muchos veces, los abundanciadesde información no sé traducir necesariamente en a aumento los conocimiento.

El objetivo es, entonces, distinguir qué es útil, qué es creíble, qué es interesante, qué es importante, inclusoqué para veces sé tener los sensación desde desperdicio mucho tiempo en controlar trivialidadeso información un poco sería. Nicolás burbujas y Tomás calister (2201: 62-72) ellos hablandesde *hiper lectura* Qué los capacidad desde "encontrar y desde leer en forma selectivo, evaluar y cuestionar lo que se encuentra, es decir, hacer sus propias conexiones entre el heridas, lugar en duda los Enlaces qué otros proveer, preguntarse por los silencios o las ausencias". Por ello, los autores enfatizan:

47

"Los capacidad revisión por leer los información en forma selectivo, evaluarloy cuestionarla es uno de los retos educativos fundamentales que corrió las nuevas tecnologías".

Específicamente, ¿qué habilidades implica buscar y encontrar la información necesaria?¿Ejército de reserva? Edith Lit gana (2004), especialista en tecnología educativa, sugiere:

Identificar la naturaleza de la información.

Elaborar los condiciones por llevar a cabo los búsquedas (y por extenderlos: a desde loscaracteristicas de Internet es que un cosa lleva a otra).

Implementar estrategias desde buscar (volver para motores de búsqueda, páginas desde Enlaces, etc).

Configurar criterios por para seleccionar los material en función desde los propósitos y loscondiciones de la tarea.

Evaluar en qué tamaño este tipo desde la información es útil al propósitos de El tarea.

Validar los material seleccionado en relación con los contexto desde producción y en relé- estaño con el conocimiento y los métodos de las disciplinas involucrado.

Realizar validaciones cada hora más equilibrado (selección bruto y bien).

Decide continuar con la búsqueda o no.

Estas acciones que implican buscar y encontrar pueden ser realizadas por el docente para ver- conferencia los material didáctico por sus estudiantes. este será capaz ser Ofrecido desde modos más estructurados o menos formalmente: *sueltos*, en busca de *tesoros*, como *indagatorias* o *búsqueda web*. Un dato básico a recordar es que dada la facilidad de manipular la informaciónel movimiento digital, especialmente a través de los recursos de *cortar* y *pegar*, es esencial generar consignas que aseguran un trabajo de elaboración sobre la información

La búsqueda y la selección se pueden realizar progresivamente de la misma manera que- alumnos, con la guía del profesor, hasta alcanzar los más altos grados de autonomía y autorregulación posible. Por ejemplo, a través del método de aprendizaje por proyección. tos. Y lo que es más, es importante qué los estudiantes comprender por qué es necesario evaluar los información fundar. PARA salir desde allí, no solamente enseñarles para trabajar con información procedente de diferente fuentes, de lo contrario así como, guiarlos por plan Discúlpame comunicary compartir los resultados y, fundamentalmente, actuar con base en la ética y la responsabilidad. Confiabilidad en el uso de la información.

Finalmente, debemos recordar que si bien el desarrollo de estas habilidades es fundamental, lazos, también lo es enseñarlos en un marco de actividades que tenga sentido, es decir significativo y relevante.

Algunos criterios por evaluar los información

Necesariamente tendremos qué para invertir tiempo en rango, para seleccionar y discriminar. Y, también enseñar cómo es lo que hace.

La evaluación de los materiales que están disponibles en la Red a veces requiere tener Mucho conocimiento de la zona. Sin embargo, cuando no tienes este conocimiento, estimar La credibilidad implica hacerse algunas preguntas:

Quién: ¿Quiénes son las fuentes de información? ¿Aparece el nombre de la organización? ¿Organización que publica y la del responsable? ¿Proporcionan una dirección de contacto? Muchos veces encontramos esto información en "Acerca de nosotros" o "Quiénes somos".

Cuándo: se refiere a la vigencia y actualización de la información publicado.

Por qué: ¿cuáles son los objetivos explícitos de la organización? Esta información suele aparecer en "Nuestra misión" o en "Institucional".

¿Por qué se ha publicado la información: para vender? Informar con hechos y ¿datos? Para compartir, poner disponible ideas, conocimientos? Para parodiar?

Cómo: se refiere, por un lado, a la calidad y exactitud del contenido (son las

fuentes?, ¿se proporcionan enlaces?, etc.). Por otro lado, el diseño gráfico y an-
verduras

Cuyo eso recomendado y Discúlpame llegamos para este sitio: los Enlaces desde
y hacia a recursoimplican una transferencia recíproca de credibilidad. Cuando
una persona proporciona un *enlace* a otro o lo menciona, suponemos que
funciona como una recomendación. Rebaba- bombillas y Callister (2001: 66)
afirman:

"La cadena de eslabones que es Internet es una enorme red de relaciones de
credibilidad: aquellos que establecen vínculos activos de información fidedigna
y cuya información u opiniones se identifican y reconocen Mencionados por
otros, ganan credibilidad como usuarios y como proveedores de información.
Llamamos a esta red *un sistema de crédito.Capacidad repartido"* .

este Representa una desde los métodos más eficiente y cada vez más más usado
por la búsqueda de información. Lo interesante de todo esto no es sólo la
posibilidad decerca identificado algunos sitios qué nosotros indicar los ruta hacia
los recursos qué nosotros ellos puedenresultado herramientas, de lo contrario así
como proponer para los estudiantes los desafío desde ser proveedoresde
información o creadores de contenidos y generadores de redes de intercambio.
Es En otras palabras, aquí tenemos oportunidades para ofrecerles una *tarea
genuina* a partir de la cual aprender, y una forma concreta de *hacerse visible* y
tener las primeras experiencias de participación en la vida pública.

Llevar desde decisiones en los acceso para los información

Hasta que los apariencia desde los medios de comunicación desde comunicación
y los TIC en los educación, los preguntapor los fiabilidad desde a fuente no era
elevado qué a necesitar. los contenido ylos forma en qué este era presentado en
los libro desde texto descansaron, fundamentalmente,en la credibilidad del editor.
No ha sido habitual en las aulas practicar preguntas cuestionar las intenciones de
los autores o el tratamiento que hicieron de los diferentes temas.Manuel Área
Moreira (2002b), especialista en nuevo tecnologías y educación, Él dice:

"Los libro desde texto es los principal material qué posee los facultad dondese
proporciona el contenido y las prescripciones se operacional izan a nivel
práctico. toons de un programa curricular específico. Como sugiere Gedeón, el
Los textos escolares son los recursos traductores y mediadores entre los pro-

aplicación oficial del plan de estudios y la práctica en el aula. En el texto es la metodología que posibilita el desarrollo de los objetivos, son una vez seleccionados y secuenciados los contenidos, un grupo deactividades sobre ellos, la estrategia didáctica está implícita.acné lo que el maestro debe seguir.

Pero, por otro lado, a mayor volumen de información que tenemos a nuestra disposición más número de fuentes. La característica es que están dispersos, aparecen en diferentes todos los formatos, estilos y diseños; sirven para varios propósitos, y no siempre han sido creado específicamente con fines educativos.

Con los incorporación desde los información y los recursos desde los TIC sé hacer necesario campañol-preguntarnos, con respecto a este tema, qué recursos utilizaremos, cómo los combinaremos, si vamos a proporcionar toda la información que consideremos importante. Importante o vamos a fomentar en los alumnos la práctica de la búsqueda y la reflexión. Considerامos que estas alternativas no son exclusivos.

Web 2.0

Estamos entrando en una nueva etapa de Internet, a la que se le ha dado un nombre: Web 2.0. Este es el término utilizado para referirse a una nueva generación de aplicaciones. dibujos animados y sistemas desde los Web qué permitir configurar relaciones desde muchos a muchos o comunidades los Web 2.0 Representa a cambiar desde concepción desde los Neto.PARA diferir de-del anterior, con webs estáticas, pocas veces actualizadas y sin interacción con los Nombre de usuario, los Web 2.0 es a plataforma colaborativo donde sé crear contenido de forma dinámica, es decir, se producen en la red y se pueden editar en el acto. Esta es posible Gracias para herramientas qué exigir muy pocos conocimiento técnico porque Por ejemplo, desde los enciclopedias *en línea* Pasamos al concepto desde los Wikipedia, enque cualquier persona puede participar en el desarrollo de los temas; de los sitios personales a weblogs, mucho más fáciles de publicar y actualizar; de directorios para organizar contenidos, a las de *tagging* o etiquetado social, en las que la categorización dedo del pie desde que publicado es hecho por los ellos mismos usuarios Desde este modo, los Websucede para ser a plataforma antes de qué a medio, medio o canal desde comunicación.

La propuesta de los creadores y desarrolladores de la Web 2.0 es mejorar

51

permanentemente conscientemente esta nueva arquitectura de participación donde lees, escuchas o miras, se hace compartiendo, socializando, colaborando y, sobre todo, creando. Aquí el innovación surge desde características repartido por desarrolladores independiente yel cambio es permanente. La concepción es que "la Web 2.0 no es exactamente unala tecnología, sino la actitud con la que debemos trabajar para desarrollarnos en Internet. los solamente constante deberían ser los cambiar, y en Internet, los cambiar deberían desde ser Regalo más frecuentemente".

Algunos Aplicaciones y sistemas desde los Web 2.0

Podcast: Archivo de audio distribuido a través de un archivo RSS. En el proyecto colaborativo podcast.org (en Español: http://www.podcast-es.org/) sé condensar todo eso sobre este recurso: una lista exhaustiva de podcasts, información sobre cómo hazlos, programas

Tú tube.com: historias vídeos y Permite, utilizando los código html, su re publicación este inofensivo código permitido para millones desde blogueando y publicaciones electrónica, insertar vídeos almacenado en youtube.com en sus propio publicaciones. Lo reeditado adquiere de forma gratuita y sencilla la capacidad de transformar automáticamente su publicación en multimedia y interactivo. Para los distribuidor original (por ejemplo Tú tube.com), los re publicación significa aumento significativamente su superficie desde Contacto con del usuario potenciales en el _

Competencias básico: aprender para buscar información, para aprendery para participar
Según sin coche Monroe (2005), los competencias por buscar información y aprenderpara aprender sé referir al colocar desde estrategias qué permitir aprender para salir desde sus

Recursos propios. Estos tienen como objetivo formar a un aprendiz:

Permanente, capaz desde aprender para eso longitud desde todos su toda la vida y desde adaptar para los cambios;

Autónomo que utiliza sus recursos de forma autodirigida. Es decir, alguien capaz interiorizar pautas, recomendaciones y guías de otros más expertos y que de alguna manera forma en que lo acompañan;

52

Estratégico, qué disponer desde recursos y desde conocimiento en función los objetivo por- Siguiente, y tomar decisiones conscientes del contexto Aprendiendo;

Qué *autorregularse* (supervisar, monitor) su proceso desde aprendiendo, llevar decisionessobre qué, cómo, cuándo y dónde aprender en cada momento;

Qué aprender desde situaciones desde enseñando no formal (museos, programas desde televisiónhijo, periódicos, etc.).

El desarrollo de las competencias cívicas, por su parte, centra su interés en la con-junto con conocimientos, habilidades y disposiciones para contribuir a la convivencia, participar democráticamente en la vida pública y valorar el pluralismo en la búsqueda los bien común. los integración desde los TIC ofertas oportunidades y herramientas poderoso-sass para formar ciudadanos:

Informado y con un visión crítica, Residencia en el reflejo y el argumentación;

Con a actitud abierto al diálogo y respetuoso desde los diversidad;

Qué participar en forma activo y responsable en los toda la vida ¿público?

los¿Las TIC como objeto de estudio? Desarrollar la capacidad crítica
Hemos diferenciado *la información* del *conocimiento* y presentado algunos criterios para evaluar la información. Como vimos, se trata de dos acciones importantes ya que se ha mintiendo para asimilar los dos conceptos y así como sé decir ah sobrevalorado los disponibilidad porpor encima de la calidad de la información. A pesar de tomar todas las precauciones posibles en los evaluación desde los fiabilidad desde los información, aún corremos los riesgo desde obtener-ver Internet como una fuente neutral de información o simplemente como una ayuda o un recurso pedagógico. Es importante pose cuestiones sobre desde los intereses desde los autores y desdelos formas desde representación los mundo qué esta información difuso. Es decir, qué su-sugiere David Buckingham (2005) –investigador y especialista en educación en medios–,los TIC deber ser incorporado qué objeto desde estudio al lado desde otros medios de comunicación qué lospelículas, televisión y radio.

Uno de los fines de la educación apunta al desarrollo de la capacidad crítica. pero de ¿Qué se quiere decir cuando se usa el término "crítico"? Lo que diferencia un enfoque crítico de uno acrítico? ¿Quién define lo que es acrítico?

Buckingham dice que el enfoque predominante de la educación en medios está asociado"crítica" para desmitificar , *desmitificar,* visibilizar y alertar la ideología en los limitaciones desde los textos medios de comunicación. Esta posición es concebido en condicionespuramente negativos ya qué su objetivo es marca los deficiencias desde los medios de comunicación (Mora- ellos, ideológico, estético), y Parece implicar asumir desde ahora mismo algunos escribe desde censura.

Y lo que es más, en los práctica sé produce para con frecuencia a situación en los qué solamente sé prestaratención para *a* leyendo verdaderamente revisión, qué curiosamente tiende para ser o coincidircon la lectura del profesor. Cuando los estudiantes entienden que esta es la orientación dedo del pie qué tomando los trabajo en medios de comunicación y TIC, inferir qué Acusar los limitaciones desde losmedios de comunicación es los responder qué sé esperando desde ellos. Buckingham sostiene qué ya para salir desde losdiez años, los niños tienden a ser muy buenos para identificar estas *deficiencias* en los programas educativos. los televisión y qué sé show críticos al respeto. Bajo este enfocar y dadaista los facilitarcon la que los estudiantes captan que esto es lo que hay que hacer, puede llevar a en una situación en la que el profesor se esfuerza por enseñar a los alumnos cosas que ellos creer qué ya ellos saben. Por este razón, Buckingham sostiene qué sé necesitan formasanálisis que no dependen de hacer lecturas "correctas". [35] Para esto, el El desarrollo de habilidades de pensamiento crítico se sostiene cuando hay espacio para lo que es personal, al para compartir interpretaciones, respuestas y sentimientos subjetivo; para describirExperiencias cotidianas con los medios y reflexionar sobre ellas. Se trata de promover una visión más analítica y reflexiva, tratando de situarla dentro de una comprensión mas espacioso. Asimismo, es necesario estructurar el tiempo y la energía involucrados en laenseñanza del pensamiento crítico. Es decir, adoptar un ritmo de trabajo que permita al estudiante desarrolle su pensamiento, dedique tiempo a la reflexión, al cuestionamientoa la experimentación de alternativas de solución en la resolución de problemas, a la evaluación de puestos, etc. También es muy importante enseñar la transferencia de habilidades del pensamiento crítico a otras situaciones y otros contextos.

Enseñar habilidades de pensamiento crítico no se trata solo de analizar la construcción de la lógica del argumento, sino también cómo se construye el significado. a través de desde los combinación desde los imágenes y los textos, los percepción desde *eso qué sé quizás*

Decir de la lectura de los gestos, las conjeturas sobre *lo no dicho,* etc. otras otras- Algo a tener en cuenta es lo que señala Roger Cartier (2000):

"Los libros electrónica organizar desde manera nuevo los relación Adelante los vamos-toon y los hechos, los organización y los argumentación, y los criterios desde losprueba. Escribe o leer en es nuevo especies desde libro supuesto romper desdelos actitudes usual y transformar los tecnicas desde acreditación los habla sabio, I quiero decir para los cita, los Nota al pie desde página [...] Cada a desde están formasdesde probar los validez desde a análisis sé encontrar profundamente modificadodesde qué los Autor lata desarrollar su argumentación según a lógica qué noes necesariamente lineal o deductivo, de lo contrario abierto y relacional, donde los el lector puede Consultar por él mismo los documentos (registros, imágenes, palabras,música) qué Ellos son los objetos o los instrumentos desde los investigación. En estesentido, los revolución desde los modalidades desde producción y desde transmisión desde textos es así como a mutación epistemológico fundamental".

Hasta que aquí tenemos considerado diferente elementos por Acercarse los enseñando los pensamientola crítica dentro del análisis crítico y la crítica como género literario. Ahora Burbles' ycalister (2001: 62) sé ellos preguntan qué escribe desde acceso para los TIC bueno los dolor tener, y ellos contestan:

"Es necesario centrar la atención en la capacidad de elección de los usuarios, evaluar y analizar lo que encuentran allí [en Internet]. Un acceso eficiente supuesto los capacidad y los Voluntad desde para seleccionar y evaluar los inmenso perro-cantidad de material disponible y también la capacidad de ser escuchado y visto, contribuir con buena información, ideas y puntos de vista propio".

Esta nosotros negociaciones desde complemento los *análisis* con los *producción* en los trabajo con medios de comunicación yTIC. Producción qué sé fortalece con los facilitar desde publicar qué nosotros contribuye los Web 2.0 ylos posibilidad desde ganar presencia en Internet siendo a proveedor creíble desde información. Cuándo sé da para los estudiantes oportunidades por Produce, los más desde los veces dar cuenta desde entendimientos sofisticado. Cuánto mejor conocido crear contenido (fotonovelas, blog, vídeo, etc), mejor será capaz evaluar los recursos desde otros y agradecer los Buenos diseños y los Aplicaciones imaginativo; será capaz distinguir elementos superficial desde los importante por formar opiniones independientes sobre el valor y la calidad de la información, etc. más, ellos ellos mismos percibir a valor agregar en los aprendiendo Cuándo llevar a cabo trabajosprático, interactuar con otros y juegan con los formas y convenciones desde los medios de comunicación y desdeInternet. Por otro lado, sí combinamos esta, por ejemplo, con a trabajo en los información desde realidad [36,] incluso diferente formatos y medios de comunicación, estaremos contribuyendo para desarrollar- llamada los competencias los ciudadanos. Qué indicar burbujas y clister (2001: 70):

"Lo que está en juego aquí no es solo la educación. también tiene quereloj con los oportunidades labor, los adquisición desde recursos cultural y de entretenimiento, interacciones sociales y, cada vez más, información y participación política".

Con todos los elementos desarrollados hasta ahora en este material, parece claro que elcrecimiento desde los habilidades los pensamiento crítico deberían esperar desde a modo más

General, y no restringir para los medios de comunicación desde comunicación o TIC. los pensamiento crítico es una actitud, a provisión qué búsqueda *fisuras caminable* en los conocimiento, problematizar, ser en *condición desde alerta.* Enseñar los habilidades los pensamiento crítico eso implica qué los estudiantes adquirir conocimiento y, así como, hazlos comprender qué desde los Acercarsecientífico Ellos son provisional, qué suponer a inevitable separar y qué en los ámbito desde losCiencias sé Produce encuentros y enfrentamientos desde teorías Obviamente, qué maestros deber encargarse de es tensión y los necesario gradualidad desde los enseñando desde estas temas ycuestiones. No vamos a olvidar qué los capacidad revisión eso implica no dar nada por sesión y asumirlos Confusión, los duda, pero así como los curiosidad y los asombro.

Tercera clave:

Otros formas desde organizar los información,desde representar y desde narrar. Eso audiovisual, eso multimediay eso hipermedia

"Los racionalidad sé liga para todo el mundo esos lofts, sótanos y pros y contras desde los mente,Hasta que ahora descuidado, donde cabriolar los emociones, los metáforas y los imagina- nación" . quieran Egan, *los imaginación en los enseñando y los aprendiendo.*

Los medios de comunicación han jugado y siguen jugando un papel destacado y surgimiento en la configuración de estilos de vida, valores, modas, costumbres, actitudes y opiniones PARA a través de desde los medios de comunicación sé ellos tienen forjado niveles desde aspiración, Modelos desde ide-Certificación y desde participación en los esfera público, y a nuevo campo desde conocimiento en torniquetede moda y actual. La televisión, en especial, nos brinda muchos temaspara conversar en la vida cotidiana. A este escenario se suman las TIC y la velocidad con la queque los adolescentes tienden a adoptar nuevos dispositivos y servicios [37.] Como dije- mos en la línea "Lo importante es el chip, macuche", se abren brechas generacionales en los relación con los tecnologías y sé ellos invierten los papeles en los enseñar y los aprender. Porotro lado, para los clásico intermediación desde los libros y los maestros en los acceso al cono-Fundación y los información, sé suma los relación directo qué los estudiante lata tener conlas fuentes, su diversidad y sus formas multimedia e hipertextuales. todo esto junto a las transformaciones que mencionamos en los diferentes trazos, es lo que ha contribuidohacer para formar a "nuevo clima cognitivo y desde aprendizaje" [38], en los qué sé estropear

Secuencias y jerarquías, y en los qué los Adultos sentir tener perdió los control en loscontenido para los acceso niños y jóvenes los lado desde los institución colegio, esta sé traducir en los disminución desde su influencia cultural y ideológico en los capacitación desde losinfancia y los juventud; esta es, en otros palabras, los "perdió desde su hegemonía socializar-gallo". [39] Según los Profesor tomasz Tadeú da silva (1998: 10), "los institución oficialmenteen cargo desde los tarea desde transmisión cultural condensar los espacio desde los crisis qué sé forma en los confrontación desde eso viejo con eso nuevo". Según los Autor, los dimensión cultural desde los crisis desde los colegio sé Explicar qué los dificultad desde reorganizar alrededor desde a Patrón cultural diferente los desde los modernidad qué usted lo dio origen y los estructurado durante los siglo XX.

Ya hemos visto que si bien las TIC provocan cambios significativos en lo que se refiere a la producción, almacenamiento y circulación de información, las transferencias formaciones sustantivas de nuestro tiempo se dan en las formas de percepción y en la estrategias de pensamiento, producción y adquisición de conocimiento por un lado, y, por otro, en el abordaje de los problemas contemporáneos desde nuevas áreas de investigación, la difuminación de los límites disciplinarios, la inseparabilidad desde los ciencia y los ética y desde cambios en los concepciones, comenzando y procedimientos desde muchos campos científicos. Comprender esto nos permite poner las diferencias en perspectiva. Adelante los prácticas cada día alrededor desde los medios de comunicación y los nuevo tecnologías y los parque- tics propio desde los institución colegio. Muchos veces, tanto en los literatura especializado como en las percepciones de los actores involucrados, las relaciones escuela-medios comunicación o escuela-TIC y docentes-jóvenes se presentan como relaciones de oposición posición, en la que las diferencias se polarizan. La dicotomía se reduce a asociar el maestros, los colegio y los cultura escrito, enfrentado para los jóvenes, los medios de comunicación, los TIC y cultura audiovisual y digital. Aunque suele haber tensión, el acercamiento desde complejidad, y no desde la simplificación, nos permite reconocer las dimensiones y reubicar la integración de las TIC en las escuelas en el marco de la revolución epistemológica miología contemporánea, del problema del cambio. Necesariamente, la llegada del medios de comunicación audiovisual y los TIC eso implica *reorganizar* hora, espacios, rutinas, contenido-dos, y formas de abordar el conocimiento. Se trata de juntar y combinar para *integrar* las *viejas* tecnologías (pizarra, tizas, libros, cuadernos y bolígrafos) a las *nuevas* con la final desde qué aumentar a modelo mejor. PARA a través de desde los integración desde medios de comunicación y los variedad de lenguas busca preparar a los jóvenes no sólo para comprender e interpretar las imágenes (en general), sino también para construir conocimiento de otras maneras. Eran discurso desde diverso formas desde conocido, aprender y representar, desde aulas mula-sensoriales y dinámicas que permitan una mayor interacción entre el docente y el estudiantes y entre estudiantes.

Otro paso a dar en la dirección de la "reforma del pensamiento", como Moborde, es comprender la complementariedad de la sensibilidad y la razón. Jerónimo Bruner (1997: 31), desde la perspectiva piscicultura afirma: "No hay duda de que emociones y sentimientos están representados en los procesos de creación significado y en nuestras construcciones de la realidad. La adición de medios audiovisual y las TIC facilita esta tarea porque implica trabajar otras lógicas: qué afectivo, los sensibilidad, los cuerpo. los imagen Qué fuente desde información, Qué modode conocer, implica potenciar las facetas de la actividad mental como la analogía, intuición, pensamiento global, síntesis, todos los procesos asociados con el hemisferio derecho.Correcto. Es importante enfatizar están ideas: Hablamos desde *integrar* recursos, herramientas,hemisferios, razón y intuición, y no desde *reemplazar* a lógica por otro ninguno de los dos máquinas por

gente. Y hacerlo con flexibilidad, porque "cada mente es diferente a las demás y es a perspectiva diferente sobre los mundo […] Cuánto más alto ser los flexibilidad conque concebimos cómo podrían ser las cosas, más ricas, más nuevas y más eficientes serán los sentidos los que compongamos". Quieran Eran (1999: 28-31 y 107), profesor de la La educación y autora de estas líneas, dice que el desarrollo de la imaginación es decisivo para el desarrollo de la racionalidad. Para él, "una concepción de la racionalidad que no ve la imaginación como su 'antena' es estéril". Ya lo planteamos: conocimiento lo que está en nuestra memoria es accesible a la acción de la imaginación; nosotros solo podemos construir mundos posible, esta es concebir Discúlpame pudo ser los cosas, desde eso qué yasabemos.

La lógica de trabajar con las TIC también invita a los estudiantes a un proceso colectivo y caracterizado por tener una *finalidad productiva* : un "trabajo", que implica tareas que deben ser enseñados formalmente, como el diseño de ideas, la investigación de temas, la planificación de las actividades, la preparación de la experiencia, el ejercicio construcción colectiva del producto. Aquí hablamos, por un lado, de interacción en un espacio donde los alumnos se ayudan unos a otros, cada uno según sus habilidades, y donde el maestro facilita y alienta a los alumnos a "andamiar" unos a otros también. Las obras colectivas, según Bruner (1997: 41), tienen la característica de producir y sostener la solidaridad grupal, porque "crean en el grupo formas *compartido* y *negociable* desde pensar". [40] Por otro, Produce obras de teatro eso implica "subcontratar",y con eso obtener "a

59

registro desde nuestro esfuerzos mental, a registro qué es 'era-de nosotros' [...] que materializa nuestros pensamientos e intenciones de una manera más accesible a los esfuerzos reflexivos" (Bruner, 1997: 42). Las obras son las formas. materiales de pensamiento. El mero hecho de producirlos implica un trabajo de puesta ensayo, rebelión, evaluación, reformulación, investigación, intercambio y negociación, desde apertura para mira diferente y, para los hora, desde suposición desde a punto en vista. Algunos los harán de manera más consciente y comprometida, otros no. Tanto. Por que es importante darles los oportunidad desde reflejar en los proceso, "Pro-conducir metacogniciones en los sitio de construcción" y generalizar, para salir desde los experiencia, con te vesa situaciones futuras. Es como dijimos en la clave anterior: hay ciertos tipos de entendimiento que se alcanza plenamente sólo a través de la experiencia de la producción.

Transformaciones sustantivas en torno a saberes y disciplinas; apertura a otro escribe desde conocimiento relacionados con los cuerpo y los sensibilidad; los oportunidad desde Pro-producir obras; Todos estos son temas centrales a tener en cuenta cuando se trabaja con las TIC.En el aula.

En los siguientes apartados profundizaremos en algunas particularidades de las formas de organizar los información, desde representar y desde narrar qué introducir los modos audiovisual- ellos, multimedia e hipertexto. Además, destacaremos algunas de las posibilidades desde aprendiendo qué, qué educadores, nosotros interesado promover. Empezaremos analizando por separado elementos de la oralidad y lo visual, ya presentes en la enseñanza, y signos veremos cómo se reconfiguran incorporando las TIC. Finalmente, presentaremos la habilidades asociadas a estos aspectos de los medios y las nuevas tecnologías que es necesita desarrollar: aprender para comunicarse ahora colaborar.

los oralidad
La oralidad es un elemento constitutivo de las relaciones y los intercambios en la vida diario. los conversaciones, los cuentos, los canciones, los radio ellos son algunos desde los En s-danzas de intercambio y transmisión oral. También podemos mencionar la importancia desde música para jóvenes y para la construcción de identidades.

La oralidad es también un elemento constitutivo de las prácticas escolares. El orden- nacimiento espacio los salón de clases -los provisión desde los bancos y pizarras– proporcionalas condiciones de una organización de la palabra y del silencio. Por ejemplo, los bancos alineados uno detrás del otro frente a la pizarra y el maestro indica la centralidad espacial y simbólico de este, quien organiza los turnos de palabra. Vemos, también, que proveer los bancos desde manera qué los estudiantes formulario pequeños grupos o a circulogrande entre todos implica una propuesta diferente de discurso e intercambio.

los voz los profesor seguir siendo a importante medio, medio desde transmisión los conocimiento.Pensemos, por ejemplo, en el ámbito universitario y formativo (congresos, disertaciones, toons, paneles, conferencias). esta oralidad [41] tiene características similares a laspropio desde los sociedades sin escribiendo en cuánto para su misticismo desde los participación, los sintió-hacer comunidad, su concentración en los Regalo y incluso los trabajo desde fórmulas Pero séSe trata de una oralidad más formal, basada en el uso de la escritura, del material impreso e incluso de TIC.

La oralidad no es sólo el espacio donde predomina lo auditivo, sino donde se pone en Juego el cuerpo y las habilidades para la lectura no verbal. para el especialista en comunicación y cultura Anibal Ford (1994: 37), "oralidad, narración, co- comunicación no verbal son en sí misma y en sus conflictos y relaciones con la escritura y la argumentación, en el centro de los procesos de construcción de sentido de nuestra cultura. cierto". Estamos en una cultura donde narrar, recordar a través de las narrativas, ejercitar y evaluar los percepción no verbal, argumentar para a través de desde los acción y los caso por percibirlos realidad con los cuerpo tener a fuerte peso. Desde convenio con Martín Barbero y alemánRey (1999):

"En lo que tenemos que pensar es en la relación profunda, la complicidad y complejidad de las relaciones – que hoy se da en América Latina entre la *oralidad* que perdura como experiencia cultural primaria del mayoritariamente y tecnológicamente *visualmente* , esa forma de "oralidad secundaria" qué tejido y organizar los gramáticas tecno perceptivo desde los radio y los películas,de vídeo y televisión. Pues esa complicidad entre la oralidad y lo visualno se refiere al exotismo de un analfabetismo del Tercer Mundo sino al persistencia desde Estratos profundo desde los memoria y los mentalidad colectivo traído a la superficie por las alteraciones repentinas del tejido tradicional que la propia aceleración modernizadora implica".

Así, podemos percibir la densidad cultural de la oralidad y la narración y tomarla Qué marco por su Recuperación Qué modelo cognitivo en los propuestas desde enseñar- guau Para Bruner, los narración es a forma desde pensamiento y a vehículo por los creacióndesde sentido esencial en los Constitución desde los asignaturas. Según este Autor, "los habilidad

construir narrativas y comprender narrativas es crucial en la construcción de nuestras vidas y la construcción de un 'lugar' para nosotros mismos en el mundo posible por que vamos a enfrentar". Tal es la importancia que otorga Bruner al trabajo con la narración, qué resume:

"Un sistema educativo debe ayudar a quienes crecen en una cultura a encontrar una identidad dentro de esa cultura. Sin ella, tropiezan en su esfuerzos para alcanzar el significado. Solo en modo narrativo oportunamente se puede construir una identidad y encontrar un lugar en la cultura propio. los escuelas deber cultivarlo, nutrirla, dejar desde darle por por supuesto".

Egan (1999: 107) comenta: "en educación le hemos dado un lugar privilegiado al concepto descontextualizado, y Parece qué tenemos olvidado hacer tiempo eso qué los medios de comunicación desde co-munición más poderoso desde nuestro historia cultural poner desde manifiesto con claridad:qué los imagen afectivo es decisivo en los comunicación los sentido y desde los trascendencia".

Restos Entonces delineado los relación Adelante educación, oralidad y narrativa por lata introducir-encierra en un círculo algunas líneas de trabajo con TIC.

los diferente medios de comunicación desde registro sonoro (grabadoras desde Audio, video, discos compactos y DVD) intro-duce oportunidades interesantes en la dinámica de lo oral en la escuela. puede ser utilizar grabadoras de voz digitales, música y sonidos para acercar estudiantes a:

•   técnicas de observación científica, recopilación y análisis de información: captura de suena o ruidos (desde a ecosistema, desde a ambiente urbano o desde animales, por ejemplo),por luego muéstrelos y explíquelos;

- los registro desde testimonios oral, para a través de desde entrevistas, en los marco desde investigaciónen el área de las ciencias sociales;

- los producción desde contenido digital oral qué lata difuso en Internet. Por Ejem- trama, los presentación, Explicación y debate desde noticias los mes relativo para diferente áreas: hallazgos arqueológicos, fenómenos climáticos, problemas ambientales, política, científicos, social, etc sé lata, Entonces, punto para los profundizando desde a tema tratado enlos salón de clases, para a través de desde los ejecución desde a entrevista para a profesional especializado en los área, a encuesta, a debate, etc, con los motivación desde extiéndelo por Internet o visual 42

los siglo XX es inconcebible sin los papel estructural y constitutivo jugó por los imágenesdesde los iconografía científico, desde los Fotografía, los películas, desde los televisión, desde los publicidad ydesde los nuevos medios digitales.

Cualquier rebelión sobre cualquier medio de expresión (textos escritos; informes personales) bitácoras periodísticas, de navegación; representaciones gráficas, cartográficas, pictóricas; fotografía, cine, etc.) la cuestión fundamental de la relación específica que existe entre el referente externo y el mensaje producido por ese medio. Es sobre los cuestión de *modos de representación*

En relación a la fotografía en concreto, podemos decir que existe una especie de consenso respeto desde qué los verdadero documento fotográfico *producir cuenta fiel los hombre-hacer* _ La credibilidad de la que goza la imagen fotográfica descansa principalmente en la conciencia qué sé tener los proceso mecánico desde producción desde esta imagen. los fotografíaLa fe, antes que el sentido común, *no puede mentir*. La foto se percibe como una especie de prueba que indudablemente da fe de la existencia de lo que muestra. La necesidad de *reloj por creer* sé encontrar allí satisfecho. Eso qué vemos en a Fotografía es *verdad,* a fragmento de realidad, algo que existe o ha existido antes de la lente de la cámara. losla fotografía periodística es un documento de cuya veracidad no dudaremos a priori.Sin embargo, su valor documental, testimonial, sé presenta en los regalo en a doblejugar: por a lado, alguien qué tener a cámara lata registrarse eventosy enviarlos a los sitios de Internet de los periódicos. Y por otro lado, es fácil, gracias a la digitalización, retoque y retoque de la imagen.

Nos interesa recalcar que esto no es nuevo y para ello es necesario registrar este doble jugar en a trama cultural y Social. Voluntad, luego, a ruta histórico encerrado por las diferentes posturas de críticos y teóricos de la fotografía respecto desde este comenzando desde realidad. [43] Veremos qué en vista de los difusión Social desde nuevo tecnologíasdinámicas similares a las que podemos ver hoy desarrollarse. Entre ellos, los sentimientos fundar frente para los percepción desde los cambios, y los necesitarreordenar el espacio cultural y social.

¿La Fotografía qué espejo o qué transformación de ella real?

La fotografía como espejo de la realidad empezó a surgir como idea desde el principio del siglo XIX. Declaraciones (a favor, en contra, contradictorias, controvertidas, exasperantes) siestas) en los Fotografía ellos compartieron los concepción desde qué es, en comparación con loscuadro, era *los imitación más Perfecto desde los realidad.* Esta capacidad mimético los adquiridodel propio carácter técnico del procedimiento, que se consideró que sacaba a relucir la imagen *automáticamente, objetivamente,* casi *naturalmente,* sin la intervención *de la mano del artista.* En ese momento, la percepción social era que la mutación técnica era enorme, yesta despertó miedo y fascinación para los hora. Había, así como, visiones optimistas qué CE-trabajó los liberar los Arte desde los funciones social y de utilitario Hasta que que momentoejercido por los cuadro, qué para salir desde luego haría llevar por los Fotografía. En estamomento de cambio de roles, ocurrió algo que hoy definiríamos como *reconversión de los profesiones:* antiguo retratistas ellos pasaron para ser fotógrafos Es Qué sí en vista de a ¿nuevo?

Tecnología su aceptación dependía de aclarar sus áreas de interés. En eso luego, los papel desde los Fotografía consistía en mantenerse los huellas los pasado y ayudarlas ciencias en su esfuerzo por comprender mejor la realidad del mundo. Su función era documental, desde referencia, desde registro y extensión desde los posibilidades desde los Mirahumano. Se consideraba *un auxiliar de la memoria* o el *simple testimonio de lo sucedido.estado.* los Arte, eso imaginario y los creación se mantuvo reservado por los cuadro. sé opuesto, Entonces, los *neutralidad los aparato* al *producto subjetivo de los sensibilidad los artista.*

64

Dos siglos luego nosotros preguntamos por qué tanto luego Qué hoy dia es entonces importante establecer o establecer espacios de acción para las tecnologías emergentes. ¿Es una forma de reorganizar y dar lugar para eso ¿nuevo? Es a forma desde resistencia en vista de los ¿cambiar? Esla expresión de una lucha de poder por el espacio simbólico y cultural y por la diferenciacita social?

La fotografía como transformación de la realidad es la idea que aparece con fuerza en el siglo XX. sé advierte qué los Foto es eminentemente codificado Desde los psicologíapercepción y análisis de tipo ideológico, se argumenta que la similitud con el la realidad es una convención social, una creación arbitraria, cultural, ideológica. De este modo, no puede ser considerado como un espejo porque supone transposición, análisis, interpretación, incluso, transformación desde eso verdadero. Por ¿luego? En comenzando, porque ofertas a imagen determinado por los ángulo desde visión, los distancia con respeto al objeto y el encuadre Hay un *ojo* que selecciona lo que se puede fotografiar y toma decisiones. A partir de una análisis ideológico sé discutir los fingido neutralidad desde los cámara y los objetividad,ya que expresa una concepción particular del espacio: la perspectiva renacentista. Ade-Además, el significado de los mensajes fotográficos se construye culturalmente, no impone como evidencia para todo receptor: ciertos códigos de leyendo. Con esto se cuestiona el valor de un espejo, de un documento exacto, de la semejanza. Infalible. Luego, por más fiel qué ser a imagen por transmitir información visual,los proceso desde selección Siempre revelará los interpretación qué su Autor es hecho desde eso qué considere relevante.

En los regalo los Fotografía sé usos con diverso termina: científicos, periodístico, hacer-comensales, expresivo -artístico, personal-, parientes, legal, ilustrativo, etc

Su interpretación es a habilidad importante por aprender, entonces qué saber los rebaja-decir ah y limitaciones los instrumento. En los colegio, al Produce y utilizar Fotografías, estánconsideraciones deber ser enseñado. Es importante saber desde qué modos sé ellos usanen las ciencias y las artes. Por ejemplo, en biología, cámaras fotográficas y de imágenes. video servicio qué ayudantes por los observación, los registro y los documentación. Enenseñanza, la microscopía es ampliamente utilizada en ausencia de instrumentos de observación sofisticado. En el área de las ciencias sociales, si bien se utilizan como testimonio o documento, existe simultaneamente a especies desde *condición desde alerta* en los punto desde vista expresado por los fotógrafo. los utilizar intensivo desde los Fotografías en los prensa escrito por cumbre- pañal los textos decir ah profundizado los necesitar desde no perder desde vista están cuestiones.

Considerando las posibilidades documentales y la característica de estar atravesado porcódigos, presentamos a continuación algunas líneas de trabajo para utilizar las cámarasdigital:

• Exploración los instrumento. Experimentación desde códigos. Análisis desde los fotos Ejercicio-citación en diferente ajustes y anglos desde cámara con los final desde Produce a mensaje hormigón por a destinatario definido. En general, en los primero ensayos sé Produce

Errores lo esencial, en los sentido desde qué los fotos no sé corresponder con eso qué sé intentadoo lo que se pensaba que eran.

• Post-producción desde los imagen fotográfico. sí sé cuenta con a Programa desde edición desdeimágenes, puede experimentar con diferentes tipos de *retoque*. A partir de ahí discutir sobre el valor documental, la difusión de estas prácticas en revistas de entretenimientoy anuncios, consideraciones éticas, etc.

sé puedo usar las camaras como apoyo de El observación científica:

- Captura de imágenes en diferentes momentos que marcan una secuencia en el fenómeno estudiado, por ejemplo en el área de la biología, la germinación de un semilla dicotiledónea, la incubación de un huevo, el cambio en los árboles de según las estaciones del año, la fermentación de la leche, etc.

- Capturar y registro desde imágenes ilustrativo, por ejemplo, durante a experimentar- para (a reacción química "visible" -cambiar desde Color, producción desde gas, etc.- a titulación, crecimiento de cristales, etc.).

Estos son solo algunos de los enfoques posibles. ¿Qué imaginan los demás?

Cuáles personaso recursos documentales pudo ser consultado por agrandar los perspectiva y ayudar paradesarrollar ¿nuevas ideas?

los esquemas
En los Apartado anterior hablamos desde modos desde representar y nosotros desarrollamos los caso desdefotografía en relación con el grado de semejanza con lo que representa. Ahora, pensaremos sobre las fotos en diferentes niveles de abstracción.

La esquematización consiste en una acción de reducción progresiva de la complejidaddesde los fenómenos y, recíprocamente, a aumento progresivo desde los información visuales". [44] La información visual es una operación de abstracción y conceptualización que se cristaliza en un esquema gráfico. En esta operación se filtra cierto tipo de información. Toing desde eso verdadero y sé codificar desde a modo más neto y simplificado solo los característicasque están interesados Los dibujos anatómicos de Leonardo da Vinci son ejemplos tempranos.Nosotros de la supresión deliberada de ciertas características en aras de la claridad conceptual. Los mapas también tienen esta característica de abstracción.

Cabe recordar que este tipo de imágenes se ha utilizado en la enseñanza desde los orígenes mismos de los sistemas educativos modernos. *Órbitas sensualismo pectus* o *La mundo sensible en imágenes,* los pensador mora vio Juan Amós Comenio (Hersey cría,1592 - Ámsterdam, 1670), es el primer libro ilustrado con fines educativos. en un pro-publicación, Johann Heinrich Pestalozzi enfatiza la importancia de usar objetos natural en los enseñando con los final desde lograr los conocimiento desde los cosas por los cosasellos mismos. No obstante, acepta el uso de láminas o modelos que sustituyan a la naturaleza. real En ese momento se pensaba que no había una diferencia cognitiva esencial entreimagen dibujada en papel y la imagen visual del objeto real, ya que ambas formas me vino a la mente como representación. Objetos e imágenes, como reemplazo pictórico desde los objetos, cumplido, entonces, a papel central en los crecimiento desde los facultades

Mental, porque representado los origen auténtico desde todo conocimiento

67

verdadero. Sinembargo, la mayoría de los usos recientes indican un cambio de objetivo:

"Las imágenes quedaron involucradas en el aula. Pero mama- En su mayoría, como soporte informativo, 'testimonio' de la tarea o indicador dereglas o eventos. Esa no fue la jerarquía que tuvieron durante tres siglos.Su misión era diferente. Sin una teoría que los respalde, permanecen comoa medio, medio asistente por proveer datos los mundo para estudio o cooperar en losorganización de clase. La imagen gráfica, como se utiliza mayoritariamente, mente, no haría ya 'los objeto' qué causaría los representación en los espíritu los mente Cuándo los condiciones no permitiría o ellos aconsejaran los Contactodirecto. La imagen, ahora, sirve como texto para brindar información,apoyar información de otro tipo u organizar información [...]. cuatro Cinco

Hoy en día,

[...] la escuela aparecen nuevas formas discursivas: enciclopedias, libros, revistas y periódicos pasan a ocupar un lugar importante y llevan nuevo imágenes desde a escribe y a valor muy diferente al qué caracterizadoa las juntas escolares. La junta escolar, que podría describirse como 'realidad descontextualizada', se diluye con la entrada de 'realidad' y 'laconocimiento' vía apoya no educado inicialmente (fotos, Película (s,y programas informáticos)". 46

Otro escribe desde esbozando ellos son los gráficos o diagramas qué show relaciones qué originalmente no ellos son efectos visuales, de lo contrario temporal o lógico. Un ejemplo es los árbol gene-lógico, una desde los mapas relacional más antiguo qué sabemos, donde a relaciónqué Pudimos explicar qué "es los mujer desde a prima segundo desde me madre adoptivo"se puede ver rápidamente. Cualquiera que sea la conexión, el diagrama se pondrá ante nosotros ojos lo que una descripción verbal podría representar con una cadena de declaraciones. En este sentido, la esquematización parte de elementos abstractos (conceptos, datos, procesos, etc.) para producir la información visual.

En educación, los esquemas ellos son conocidos así como Qué *organizadores gráficos.* Están herramienta- tiempo efectos visuales nosotros permitir show regularidades, relaciones, alternativas desde acción; exhibirdatos y procesos; describir objetos y lugares; establecer relaciones entre ideas; resumir, facilitar interpretar y comprender la

68

información. Algunos de los más utilizados son: pinturas sinópticos, diagramas, diagramas de flujo, líneas de tiempo, mapas conceptuales, redes, etc. Uno deEl criterio más importante para decidir qué tipo de organizador gráfico usar es definir elmodo desde representación en función desde los tarea cognitivo: sí los tarea es comprender a causalidad o comparación, los diseño visual deberían contribuir para enséñalo con claridad.

multimedia

Existe muchos definiciones desde multimedia. los finalizado "multimedia" sé usado ya antes dedesde los computadora. sé empleado por describir producciones qué integrado proyectoresdesde diapositivas, monitores desde video, grabadores desde Audio, proyectores desde películas, Adelante

Otros, por obtener cierto efectos a través de los combinación desde imágenes y sonidos Así como posee estado usado en relación con programas desde educación para distancia o desde enseñando desde Idiomas qué incluido diferente medios de comunicación desde transmisión qué radio, televisión, etc Desde allí los Nombre "Programa multimedia". Otro sentido los encontramos en los "paquetes multimedio" por los enseñando. los "paquete" incluido materiales impreso con texto y imágenes,cintas desde Audio, casetes de video Al difuso los computadora personal, empieza para hablar entre sí desde "informática multimedia" Qué a intentado desde combinar los medios de comunicación audiovisual con textos y Fotografías por crear a nuevo medio, medio en los pantalla desde los computadora.

Las características más importantes son: la presencia de más de dos medios o morfo- logía de la información (textos, diapositivas, fotos, videos, gráficos, audio, etc.), y la interconexión, combinación e integración de estos medios. El resultado final no es suma de cada uno, pero un producto totalmente nuevo.

En este módulo, solo mencionaremos el uso de creadores o editores de presentaciones. Estas Ellos son programas científicos de la computación qué heredado algunos desde los características y aplicaciones qué en vista de- hace poco Tuvieron los diapositivas o transparencias Desde hecho, sé usos los finalizado "deslizar ＂ , en hora desde páginas, por nombre para los unidades qué inventar a presentación. A desdelos ventajas desde los programas desde presentaciones es qué permitir insertar en los diapositivas diferente *objetos* , tal Qué textos, imágenes, gráficos, material sonoro, música y inclusosecuencias fílmico PARA cada *objeto* ellos pueden aplicarlo, Y lo que es más, efectos desde animación.

Las presentaciones son un tipo especial de documento, con sus propias características. Adiapositiva de presentación no es una página de un libro en el que escribes y escribes. Guetta con lujo de detalles. Las presentaciones se utilizan para mostrar información sobre manera corta y directa. Esto implica un gran trabajo de síntesis por parte de quienes elabora, resumir y exponer sólo los datos necesarios. También implica trabajo de selección del material gráfico que acompañará a la información.

Es importante definir el contexto en el que se leerá la presentación. ¿Acompañará el primero posición de un altavoz? ¿Se distribuirá o compartido a través ¿Internet?

los presentaciones ellos pueden ser desde dos tipos: lineal o interactivo. los primero ellos son aquellos cuyo diapositivas sé suceder en a pedido único y Preestablecido desde los primero Hasta que los último. Ellos son usado por acompañar o complemento a exposición oral en a temadeterminado. los interactivo Ellos son esos en qué es posible elegir Cuál es los informaciónqué sé querer reloj; los lector desde los presentación los él turismo por medio, medio desde Enlaces, como si fueron hojeada en Internet. Desde es forma, cada lector lata hacer a ruta desdeleyendo propio, desde convenio para sus intereses. Realizar este escribe desde presentaciones es posibleGracias para los capacidad desde elaborar hipervínculos Adelante los diferente diapositivas.

La propuesta de incluir la realización de un proyecto multimedia (con un editor de vista previa)sesiones) por parte desde los estudiantes por aprender en a determinado contenidodebe contemplar, en primer lugar, la propuesta de un fin específico en el que la información adquirir sentido. Es decir, en hora desde generar a *Compilacion ilustrado* ,los tarea deberá solicitar qué interpretar, explicar, aplicar Tiempo exponer su puntoen vista. Este proceso interpretativo requiere decidir cómo representar la información (con textos, gráficos, fotos y videos, audio). Por ejemplo, pueden proponer soluciones a un problema específico, hacer un informe para un congreso o para ser presentado ante a autoridad municipal, etc. A continuación, se debe alentar a los estudiantes a:

- llevar decisiones sobre los escribe desde información necesario por apoyo los soluciones

Que consiguieron. Si solo hay una respuesta correcta, si no se requiere que sean selectivo, los ejercicio lata volverse en a ejercicio desde Corte y pegar. los estudiantesdeber acceder para los información, transformarlo y traducir el cuatro proveer razones sólido- das qué sostener los contenido y los organización desde sus productos multimedia.

- Buscar y recopilar la información más importante e interpretarla en el medio que ellos están usando.

- Pedido los ideas, los dividir en temas más reducido por cada diapositiva; definir los relación Adelante están, su organización y secuencia; escoger los cima imágenes por para ilustrar los punto qué querer marca. este proceso contribuye para entendimientos diferente los tema.

- Analizar los formas desde complemento los diapositivas con los utilizar desde hojas de calculo desde cálculopor registrar e ilustrar gráficamente los datos recogidos.

- Introducir complejidad con estructuras no lineales (presentaciones interactivas) quepermitir Organizar diferentes recorridos de lectura.

los utilización desde estas programas Permite los práctica desde tecnicas desde informe, divulgacióninformación y comunicación avanzada. Son herramientas que se pueden utilizar desarrollar documentos, catálogos o exposiciones multimedia (con fotos, *collages,*vídeos, archivos MP3, etc.). Estamos hablando, entonces, del uso de *sistemas más soporte físico* representar, de diferentes maneras, conocimiento.

hipertexto, hipermedia

El hipertexto es una estructura basada en computadora para organizar información, que hacer posible los Conexión electrónica desde unidades textual para a través de desde Enlaces en el interior losmismo documento o con

71

documentos externo. [47] hipermedia haría los combinación desde hipertexto con multimedia. los Web tendría, según es definición, a Formato hiper yo-día, aunque no todo lo que allí se publica tiene estas características.

PARA pesar desde qué los diferencia Adelante están definiciones es claro, en los práctica, los término-mi hipertexto se ha generalizado con mucha fuerza utilizándose indistintamente tanto referirse al hipertexto en sentido estricto como hipertexto multimedia, es decir, hipermedia– ya que prácticamente ya no existen hipertextos compuestos por un solo texto. llamada.

Algunas caracteristicas:

No todo texto digitalizado es un hipertexto, ya que consiste en enlaces entre elementos. Elementos internos o externos. Cuando el enlace se enrolla sobre sí mismo, tenemos un hipertexto acotado o limitado (como los CD-ROM). Cuando es externo, tenemos comohorizonte los Todo el sitio web.

• Hay diferente grados desde linealidad en los hipertextos. Por a lado, muchos hipertextospuede ser incluso más rígido que el propio texto tradicional, obligándonos a atravesar caminos reservados. En el otro extremo, el autor puede hacer los caminos se complementan o se excluyen y se puede saltar de uno a otro eligiendo el orden de los leyendo, desde manera tal qué los decisiones los lector determinar los crecimiento desde los historia(en ficción) o el punto de vista elegido (en no ficción).

• los no linealidad (o no secuencialmente) no es a característica inherente los hipertexto de lo contrario a posibilidad organizativo. los hipertexto tener los ventaja desde ir más allí desde los línea-calidad de la mayoría de los textos impresos, sin que ello signifique que dicha calidad sea esencial, ni que sea imposible de obtener en los textos impresos, como lo demuestra libros como *Rayuela* de Julio Carduzar (1963) o películas como *Eterno resplandor de una mente sin recuerdos* (2005, dirigida por Michel Tundra) *Corre Lola, corre* (1998, dirigido por Tomás Tinker) y *los efecto mariposa* (2004, dirigido por eric Latón y j Mac-Llave Él de suciedad).

• El hipertexto, desde el punto de vista del lector, es un documento electrónico en el que qué los información sé presenta en

72

forma desde a neto desde nodos y Enlaces. Elegir Adelante unau otro siempre implica un cálculo previo sobre lo que podemos encontrar del otro por un lado, una anticipación que, por un lado, es cognitiva (en relación con lo que se lee) y, por otro, otro, tener a Salir mecánico, ya qué sé golosinas desde moverse los *ratón* y Activar a zonade la pantalla

• El hipertexto, desde el punto de vista del autor o productor, es un sistema de escrituraramificado que ofrece un punto de partida y diferentes caminos para recorrer a través de su Enlaces. los hipertexto requiere los Autor a trabajo adicional respeto desde eso qué hacer a Autor tradicionalmente al Enviar material para los impresión, porque los contenido -Y lo que es más desdeser trabajado estilísticamente y retóricamente- deberían ser organizado hipertextualmente.

Poder decir, luego, qué los hipertextualidad posee características qué demandar a nuevo comprensión los texto qué sé leer y a colocar diferente desde estrategias por los escribe- cierto, y por eso tanto ofertas a campo desde oportunidades por los intervención educativo.

No lineal - Tabular

La no linealidad es una posibilidad organizativa del hipertexto. Sin embargo, por cristiano Vandendorpe (2003), definir a finalizado para salir desde a negación o ausenciala propiedad no es del todo precisa. Describir la oposición a la linealidad propone el término "tabularía", que proviene del francés *tablea* (tabla) y representa un analogía Adelante los manera en qué sé "leer" a marco y los leyendo desde a texto.

Mientras que la linealidad se refiere a una serie de elementos ordenados secuencialmente esencial y esencialmente dependiente del orden del tiempo, la tabularía pone manifiestan la posibilidad del lector de "acceder a los datos visuales en el orden en que escoger, delimitando desde entrada los secciones qué usted estan interesados".

Con solamente pensar en los diarios y Discúlpame regalo los información, lata danos cuenta-ejército de reserva desde qué los tabularía es bastante más antiguo

73

desde eso qué comúnmente sé creer. Con los apariencia los a diario y los prensa desde grande arrojar, para salir los siglo XIX, y especialmente tras la aparición de titulares a toda página, el texto escapa a la linealidad original de la palabra para presentarse en bloques visuales que responden y complementa en la superficie de la página, como si fuera un "mosaico textual", según la metáfora de Marshall Mechan. El diseño es "guiado no por el lógica los habla de lo contrario por a lógica espacio." "Los Monto desde columnas, los tipografía- imagen, la posición de las ilustraciones, el color, por lo que le permite acercar o alejar, seleccionar y desunir unidades que, en el periódico, son unidades informativas. el cotejo rezar luego Qué a retórica los espacio qué reestructurar los pedido los habla(su lógica temporal) para reconstituir un discurso original que, precisamente, es el habla los a diario".

En nuestro tiempo no hay duda de que la tabularía corresponde a un requisito desde organización desde los textos desde escribe informativo, desde manera desde permitir a apropiado- dedo del pie entonces eficaz Qué ser posible. Incuestionablemente, su función primario es retener el lector cuya atención es inestable o momentánea, contraria a la de una organización lineal, que está dirigida a un "lector de fondo". Pero también es muy conveniente. para la comunicación de información variada que puede ser seleccionada de acuerdo a los intereses.

Visto desde este aspecto, el texto impreso ya no depende exclusivamente de la orden lineal, pero tiende a integrar algunas de las características de una pintura barrida por el ojo del lector en busca de elementos significativos. Así, esto puede romper con el hilo de texto para ir directamente al elemento relevante. Por lo tanto, uno sitio de construcción es llamada tabular Cuándo Permite los despliegue en los espacio y los manifestación simultáneo desde varios elementos qué lata servir desde ayuda al lector por identificar sus articulaciones y encontrar eso más rápidamente posible los información qué usted ellos interesan

Según vandendorpe, los noción desde tabularía, Y lo que es más desde representar a modo enterrar-no de disposición de datos, se refiere a dos realidades: la "tabularía funcional", expresada por los resúmenes, los índices, la división en capítulos y párrafos (medios de orden organizativo que facilitan el acceso al contenido del texto); la "tabularía vi- sello", que permite al lector pasar de la lectura del texto principal a las notas, glosas, figuras, ilustraciones, todo presente en el doble espacio de la página. este ta- la claridad está presente en periódicos y revistas, muy desarrollada en la pantalla (páginas web o CD-ROM). Para ajustarse a este tipo de tabularía, el texto se trabaja comoa material visual.

Competencias básico: aprender para comunicar y para colaborar
sé se refiere al colocar desde estrategias por lata comunicar con otros para a través de desde dispositivos.

Ser capaz de comunicarse a través del lenguaje específico de la disciplina.

Utilizar diferentes medios para comunicarse.

• 　　　　　　　　　　Ser capaz desde aprender en forma cooperativa y colaborativo, eso qué requiere enseñando sistema- masilla y riguroso, bien no sé dar a espontáneamente. Es importante lograr los nominalidad desdeobjetivos, reciprocidad en las relaciones, interdependencia, incluso ante la asimetría de conocimiento. sé golosinas desde a trabajo permanente con otros formando redes desde conocimiento.

Desde inclusión, trazos, teclas, oportunidades y Proyectos
Pensar los TIC Qué política desde inclusión, reflejar en los trazos los mundo Actual,leer los teclas por los integración desde los nuevo tecnologías en los salón de clases y Haznos nuevolas preguntas y la construcción de posiciones son parte del propósito de este módulo. Hasta que Ahora hemos tomado los diferentes temas y hemos tratado de identificar dimensiones, perspectivas,interpretaciones. Buscamos reflexionar sobre lo nuevo y el cambio; trazar lineas continuidad y ruptura. Las "Oportunidades para generar escenarios de apropiación TIC significativas" que presentamos en el siguiente apartado completará un pro- poner desde integración desde los nuevo tecnologías qué contemplar y alienta los leyendo desdela complejidad del mundo, la densidad cultural, social y política del sujeto, y la contextos especificidades de la acción.

Conozca lo que otros han pensado e investigado, discuta con los autores, sea consciente desde eso qué sucede -y, para los hora, ser consciente desde qué eso Hacemos para a través de desde los Mira desdelos demás y la historia que armaron–, intercambiar ideas y opiniones con nuestros compañeros, estudiantes, amigos, etc., nos ayuda a desarrollar posiciones – personales, teóricas,

75

metodológico – y visualizar futuros posibles. También entendemos que las percepcionescaricaturas del presente cambian cuando miramos hacia el futuro y *proyectamos* escenarios desde de entender las fuerzas en juego. De esta forma, estas *visitas a la futuro* suponen una lectura intencional del contexto, una construcción del problema y una propuesta de intervención. Se trata de sujetos críticos y *creativos* (Giordano, 2002), poder desde interpretar y Produce algo nuevo, comprensión eso "nuevo" Qué que quéintroduce componentes que antes no existían pero también como aquello que modifica y reorganizar lo que existe.

En un sentido más amplio, el *proyecto* representa un aspecto central en el proceso de constitución del sujeto, es decir, la capacidad de definir un *proyecto de vida*. Enseñar también es parte de un proyecto de vida y, a su vez, la institución escolar -entre otros– es apoyo y guía del proyecto de vida de las nuevas generaciones. Área de Moreira(2001) dice: "Nuestro tiempo actual es el de la conciencia de que el futuro es responsabilidadcapacidad desde los nosotros habitamos los Regalo". En este marco desde aunque, los decisionesqué nosotros tomamos ellos son Siempre decisiones ética. Y los decisiones ética ellos son complejo, bienno sólo implican cuestiones de bueno y malo. Suponen una *integración* de tres dimensiones: la *racionalidad* de los objetivos –educativos, políticos–, el currículo y las plantaciones; sensibilidad hacia las personas, lo que piensan, sienten , sus deseos, sus necesidades, sus preferencias, su engaño, su desánimo, sus aspiraciones;los perspectiva que incluye el *contexto* y para largo *plazo*

De todo este material surgen lineamientos claros para generar propuestas de enseñanza con componentes TIC. Estos se conciben como un marco común abiertoinconclusa y que *se* concretará cuando se elabore con los docentes, en el escuelas.

Como venimos proponiendo a lo largo del módulo, para la integración de las TIC en el trabajo colegio resultado necesario reflejar en los relación Adelante tecnología, gentey conocimiento desde a perspectiva complejo qué integrar eso gnoseológico, eso comunidad nacional, eso psicológico, eso Social y eso didáctico. En los regalo, los modos desde accederpara los información y al conocimiento Ellos son múltiple y variado. los colegio, luego, tener papel significativo en la enseñanza de procesos sistemáticos de descubrimiento, selección, ción, organización, comprensión y comunicación. De ahí que el trabajo con las TIC en el colegio deberían punto más qué al dominio puramente instrumental desde los tecnología, parasu uso de manera creativa y crítica en ambientes de reflexión, debate y aprendizajesignificativo.

Desde de esta manera, el integración pedagógica de Las TIC significa concebirlas:

Como recurso didáctico y, también, como objeto de estudio y recesión, medio de expresión y producción, y modo de gestión del conocimiento, en función de los objetivos pedagógico

Como parte de un proyecto transversal, guiado por propósitos didácticos y de comprensión donación los oportunidad desde perseguir termina cultural, social y políticas: edificio desde identidades, visibilidad, comunicación, formación y participación ciudadana.

Como componentes de los entornos de aprendizaje, la rebelión, la comprensión y la comunicación toing, combinable con otros recursos, en las diferentes materias curriculares.

los integración pedagógica desde Las TIC son poder para:

Alterno instancias individual y grupo desde trabajo para a través de desde dinámica colaborativo.

Punto para los autonomía los estudiante, guiado por los profesor, y al crecimiento desde competir-cines para la participación en la vida pública: aprender a aprender, gestionar la información y comunicarse

Administrar recursos, espacios y hora desde modo flexible y asistiendo para los complejidadlos contexto y de contenido a enseñar.

Diseñar la interacción entre los estudiantes en el espacio del aula y en el virtual

Encargarse de los diversidad desde tareas en simultaneidad y los articulación desde instancias pre-esencial y en línea.

Incorporar preguntas relacionadas con la dinámica social y cultural de los medios comunicación y desde los TIC, Entonces Qué esos relacionados con los publicaciones y contenido-dos que allí se producen, compartir y circulan.

Diálogo con los consumo cultural juveniles y llévatelos qué punto desde salida porlos reflexión y construcción de nuevos conocimiento y producciones

En virtud de todo ello, las TIC son pensadas en contextos de apropiación compleja, en aquellos que el uso de la tecnología no es un fin en sí mismo sino que responde a objetivos pedagógico y propósitos desde los enseñando. Nosotros lo consideraremos qué los utilizar es "bueno-cuando logra integrar de manera pertinente las potencialidades de la herramientay las necesidades que pretende satisfacer, y cuando el resultado del proceso de integraciónel estaño no podría haberse logrado sin trabajar con esa tecnología. la incorporación de Las TIC, desde esta perspectiva, pretenden promover el uso con una finalidad pedagógica, social y culturales, para agregar valor a las propuestas docentes y ofrecer a los estudiantes, nuevo oportunidades por aprendizajes significativo y pertinente.

Así, trabajar de acuerdo con estas directrices implica, por un lado, conocer las nuevos lenguajes, acercarse a "nuevas culturas", repensar estrategias didácticas, diseño propuestas cosas didácticas, tratar acortar los brechas generacional y considerar losafectación subjetiva que se produce en la apropiación del discurso mediático y peda- lógico Y, por otro, requiere los intervención y los trabajo colaborativo desde los equipoinstitucional, y los fortalecimiento los papel y los autoridad los profesor en los procesos desdeconstrucción del conocimiento sobre TIC y con

Presentamos a continuación oportunidades para la organización y la búsqueda del información y para la comunicación con mapas conceptuales digitales, búsquedas web y blog. En cada apartado, tras describir estas TIC, identificaremos las aportaciones pedagógico qué proveer al trabajo colegio y los requisitos desde administración por parte losprofesor.

Oportunidades para organizar información a través de mapas conceptuales digitales

los organización desde los información es a parte importante en todo proceso desde edificio desdeconocimiento. La actualización, fragmentación e invisibilidad de los contenidos que circulanen los medios de comunicación audiovisual y digital desde comunicación hacer qué los selección, clasificar-estaño, categorización y jerarquía desde datos sé regresar tareas central en los procesos desde comprensión. los planificación desde ninguna búsqueda desde información requiere calendario los Pro-transferir, identificar conocimiento anterior en los tema, configurar hachas en los qué sé tiene como objetivo agrandar eso qué sé conocido o sintetizar y integrar los recomendaciones para eso que ya sé supo.

A forma desde desarrollar los capacidades vinculado con los organización desde los informar-ción es para salir desde los utilización desde organizadores gráficos. los diagramas, mapas o redesconceptual, tableros, líneas desde tiempo, horarios, y diagramas desde flujo permitir más maduro- disponer visualmente la información y capturar gráficamente ideas y conceptos. Así como ayudan a desarrollar un pensamiento complejo ya reflexionar sobre él y comunicarlo. Las diferentes herramientas digitales permiten a los estudiantes organizar lo que saben y, incorporando nuevos conceptos a otros ya aprendidos, proponiendo esquemas preliminares desde contenidos, sintetizar textos, plantear problemas en forma compleja.

Elegir organizadores gráficos para el trabajo escolar requiere identificar tanto los objetivos de la propuesta pedagógica como las especificidades de cada herramienta. Mentir. Si lo que se quiere, por ejemplo, es que los alumnos localicen determinados eventos en el interior desde a período desde tiempo determinado por qué visualizar y comprenderlos relación temporal Adelante ellos, los organizador gráfico más apropiado es a línea desde hora-correos. Por otro parte, sí eso qué sé búsqueda es qué los estudiantes comprender los relación Adelanteconceptos, el más pertinente es un mapa conceptual.

Mapa conceptual digital: síntesis desde los herramienta
Un mapa conceptual es un modelo de representación gráfica del conocimiento. Su construcción supone una actividad intelectual y permite al estudiante visualizar la capacitación qué ya posee adquirido y eso supo qué incorpora, y, desde es forma, organizar lospensamientos para una mejor comprensión.

Poder ser construido con lápiz y papel. Sin embargo, algunos programas específico desde suave-ware le permite expandir su potencial. El uso de estas herramientas digitales simplifica y acelera el manejo, el almacenamiento, la recuperación y el enfoque multimedia del contenido. En este sentido, una de las principales ventajas de trabajar con mapas convencionales conceptual en

79

computadora es qué los conceptos y los relaciones ellos pueden ser modificado másfácilmente que en formato papel, mientras que las diferentes versiones de lo que se haproducido ellos pueden ser archivado y recuperado Cuándo los tarea eso exigir. Por otro par-tee, el medio digital permite ampliar el potencial visual del mapa conceptual al admitir la inclusión de iconos, dibujos estáticos o animados (gif). De estas posibilidadesmedio, luego, los transposición desde modismos, los revisión, los volver a escribir, los consulta yla comparación de producciones anteriores o la reflexión sobre procesos y cambios pueden dar convertirse en consignas frecuentes de integración desde TIC en Salón de clases.

los herramientas digital permitir, por otro parte, construir mapas conceptual con sobre el- ces o hipervínculos para otros recursos (fotos, imágenes, gráficos, vídeos, textos, paginas Web,sonidos, otros mapas conceptos, etc) para ampliar la explicación de la contenido

O buscar información relacionada. Además, dado que los mapas se pueden almacenaren un servidor de Internet o intranet, se pueden trabajar de forma colaborativa distancia.

los complejización desde temas o problemas; los búsqueda desde información extensión enun tema de interés; reflexión sobre lo relevante y lo secundario; el diseño y la evaluación lata de estructuras de navegación; recesión sobre las convenciones culturales de representación; la organización del trabajo en equipos de trabajo complementarios y la comunicación desde eso producido Ellos son otros desde los tareas para los qué contribuye los trabajo con estas organizadores gráficos en formato digital.

Aportes pedagógicos del trabajo con mapas conceptuales enFormato digital
favores los trabajo con apoya multimedia.

Ofertas a modo por los externalización los pensamiento y los conocimiento construido.

Mejora los habilidades desde comprensión desde textos, desde organización (clasificación, gato- ionización y relación) desde los información y desde representación los conocimiento en formahipertextual y multimedios.

80

Facilita los comunicación, los intercambio desde información y los negociación desde significar-dos para salir desde los edificio desde Modelos gráficos desde representación y, desde este modo, losdesarrollo de la comprensión compartida.

Habilita los trabajo colaborativo y los edificio colectivo desde conocimiento.

favores procesos desde reflexion en los propio procesos desde aprendiendo.

Desarrollando desde los herramienta
Los elementos que componen un mapa conceptual digital son:

Conceptos: abstracción de las características que definen un objeto o evento. sé representada gráficamente dentro de elipses, círculos o rectángulos.

Conectores o *palabras desde Enlace:* sé ellos usan por Enlace los conceptos y por indicar lostipo de relación entre ellos. "Es un", "se caracterizan por", "depende de", "producir", etc. son ejemplos de conectores. Estos están escritos en o al lado del línea que une los conceptos (línea de enlace).

Proposiciones: dos o más términos conceptuales unidos por palabras de enlace a formar una unidad semántica. "La ciudad tiene una zona industrial" o "El ser humano necesita oxígeno" son ejemplos de proposiciones.

Recursos multimedia e hipertextuales: fotos, videos, sonidos, enlaces a páginas sitio web, etc

De acuerdo a los objetivos pedagógicos, existen múltiples estrategias para orientar a los estudiantes.Estudiantes en la construcción de mapas conceptuales. El punto de partida puede ser:

Pose a *pregunta desde enfocar* qué directo los trabajo hacia a objetivo. los preguntas,más qué los temas, delimitar los contenido y enfocar los resolución desde los ocupaciones propuestas- usted. Están preguntas ellos pueden ser creado tanto por los profesor qué por los ¿estudiantes?

Seleccione los conceptos que el profesor quiere que los estudiantes incluyan en

81

sus mapas y enumerarlos. El aspecto que presenta mayor desafío y dificultad en la construcción lata de mapas conceptuales es la elaboración de proposiciones. Es decir, determinarcuyas palabras de enlace describirán claramente la relación entre los conceptos. Por lo tanto,entregar para los estudiantes a Listo desde conceptos no usted retirar dificultad para los edificiodel mapa y permite al profesor detectar qué conceptos no está integrando el alumno correctamente.

Completar los estructura desde a Mapa prediseñado Para temas complejo, sé lata optarpara dar a los estudiantes un mapa parcial, basado en un mapa "experto", tomado de la bibliografía o logrado por los profesor. Ahí los eslogan lata ser Expandelo con concepcióntos y relaciones más específicas. En este caso, el mapa inicial actúa como un "gatillo"y andamio por los estudiantes. Así como, los eslogan lata ser agrandar a concepto paraa través de un "submapa" (un mapa que amplía el detalle de las relaciones involucradas enalgún concepto complejo).

Luego, los estudiantes ellos tendran que:

Agrupa los conceptos cuya relación es estrecha.

Ordenarlos desde los más abstractos y generales hasta los más concretos y específicos.

Represéntalos y colócalos en el diagrama.

Conéctelos.

Buscar, para seleccionar recursos multimedia y hipervínculos -desde convenio con su significar- actividad y relevancia–, ubícalos y agréguelos donde corresponda.

Descubrir los Mapa, controlar los relaciones, cuidar de qué no sé tener repetido o Súper-poner conceptos.

• Reflejar en los Mapa. Correcto, agrandar, posponer, cambiar, reconstruir, reorganizar,establecer relaciones nunca antes vistas, etc.

La ventaja de usar una computadora para hacer estos mapas es que permite Le permite agregar o eliminar fácilmente elementos o relaciones, cambiar su posición, así como como añadir imágenes u otros recursos multimedia que ayuden a aclarar la representación de un tema. En otras palabras, acelera la preparación, el proceso de refinamiento, modificación y ampliación. También es fácil de interconectar y establecer relaciones cruzadas entre los mapas. Además, se pueden "guardar" como imágenes y ser reutilizado en otros trabajos, qué monografias o presentaciones dadaista la posibilidad de estar alojados en un servidor, también se pueden construir de forma remota y en en colaboración, y dárselos a saber públicamente.

Como se ha dicho, los mapas conceptuales son organizadores gráficos que favorecen la comprensión, ilustrar gráficamente los relaciones Adelante conceptos y ellos ayudan en los aprender- nueva información mostrando claramente la integración de cada nueva idea en a acervo de conocimientos existente.

Ellos son herramientas por los extracción los sentido desde textos y en los trabajo desde laboratorio ycampo. La organización de los mapas conceptuales permite una fácil revisión de los información presentada a medida que ayudan a identificar conceptos y relaciones clave. Para los edificio desde a Mapa conceptual, necesariamente los estudiantes ellos tendrán qué trabajar en los información, por decidir sí es pertinente o no por los crecimientode un tema Con o sin la ayuda del profesor, podrán identificar qué parte del tema deben profundizar, revisar o repensar.

Es importante tener en cuenta que el uso de mapas conceptuales en los sistemas de información hipertexto me multimedia requiere enseñar para diseño los hipertexto, para facilitar los navegar-ton y la ruta de lectura del mapa, es decir, para representar el conocimiento de este modo.

los mapas ellos pueden ser elaborar, así como, por los maestros por regalo los tema para losestudiantes. Incluso, dadaista su capacidad desde Contiene hipervínculos, ellos pueden oferta mapasconceptos digitales como un formato para que los estudiantes naveguen y busquen información. También se utilizan para planificar el currículo, seleccionando los contenidos significativos y determinando qué rutas se siguen para organizar loscaído. sé lata construir a Mapa global en qué aparecer los ideas más importanteque se tendrán en cuenta durante el curso, para luego pasar a otras más específicas qué grupo temas o bloques desde contenido y, finalmente, al Mapa detallado desde los clase.Esto ayudará a los estudiantes a relacionar de manera coordinada los diferentes niveles detrabajo y encajar los detalles en el marco de las relaciones globales.

Requisitos desde administración por parte los profesor

Definir en qué punto del proyecto y con qué propósito pedagógico se utilizarán los recursos. Mapas conceptuales (indagar ideas o nociones previas, presentar un tema o proyecto, proponer relaciones entre disciplinas, clasificar y categorizar información dada, realizar a síntesis final, evaluar la comprensión de un tema etc).

Generar espacios de reflexión y concientización de los estudiantes respecto a la co- conciencia, usos, significados y oportunidad de utilizar mapas digitales en el proyecto (reflexionar y discutir similitudes, diferencias o usos complementarios entre los herramienta para trabajar y otros conocidos, etc). Es decir, Y lo que es más desde saber Discúlpame construir un mapa es importante para que los estudiantes aprendan a tomar decisiones sobre cuándo usarlos y evaluar si el mapa conceptual es el procedimiento más adecuado para obtener los meta propuesta y resolver actividad programado.

Elegir los punto desde salida por los edificio desde los mapas (a pregunta desde enfocar,a Mapa parcial, a Listo desde conceptos, etc) Luego, hacer explícito los objetivo general, portrabajar los contenidos y conceptos clave. Aprovecha la herramienta para Acercarse problemas complejos de una multiplicidad de perspectivas

Prever momentos por aprender para encargarse de los herramienta en creciente grados desde com-lenidad. Promover un uso flexible y eficiente del tiempo. Ten en cuenta los plazos producción trabajo, tanto individualmente como en grupo.

Propiciar qué los estudiantes autorregularse y control su propio proceso desde aprendiz-je, relativo los conocimiento obtenida con esquemas cognitivo anterior.

Fomentar la creación de comunidades de aprendizaje en un clima de confianza y cooperación. Fomentar la posibilidad de compartir información y expresar ideas como una forma de mejorar los procesos de enseñanza y aprendizaje. Contemplar las oportunidades para generar dinámicas colaborativas con profesores de diferentes materias.

Prever la búsqueda y organización de recursos multimedia, especialmente debido a la Posibilidad de editar el mapa conceptual en formato hipertexto. Enseñar a analizar y evaluar la pertinencia de los conceptos seleccionados, de las relaciones establecidas entre ellos y los recursos utilizados.

Planificar el archivo de los mapas y proponer dinámicas para su registro y enriquecimiento. yo miento a lo largo del desarrollo de un proyecto.

Considerar el uso de estos esquemas para monitorear y evaluar el proceso de aprendizaje del estudiante.

diferencias con otros herramientas por los organizacióndesde los información los mapas conceptual digital ellos pueden ser usado por los resolución desde problemas, los esbozando desde puntos importante para Acercarse y los jerarquía desde los Pasosy interrelaciones Así como, ellos pueden ser usado por los estudiantes por Acercarse para los comprensión desde a tema o problemático puntual, o bien por sintetizar los tema-casos tratados, diseñar una investigación, proponer la redacción de un trabajo monografía, etc. Las líneas de tiempo, a diferencia de los mapas, ubican gráficamente la situación temporal de un evento o proceso, evidenciando la sucesión de eventos y los simultaneidad con otros eventos los momento, qué incluso ellos puedencondicionarse unos a otros.

A desde los diferencias primordial qué hacer al trabajo con mapas conceptual en verdadero- tonelada con otros herramientas por los organización desde los información es los desde incorporar losconcepto desde redes jerárquico desde sentido. Cuándo hablamos desde mapas conceptual, nosotros nos referimos para estrategias desde organización desde información, desde conceptos y, así como, desdesus relaciones

Dadas estas características, los mapas conceptuales pueden complementar e integrarsé para a propuesta más amplio qué incluir otros TIC, Qué misiones web o búsquedas losTesoro, que son estrategias para la búsqueda estructurada de información.

Oportunidades para la investigación a través de búsquedas web

Qué sé decir ah diciendo en los crecimiento desde los segundo llave: "Los volumen desde los información",a desde los principal potencialidades desde los tecnologías digital es los acceso para informar-tonelada diverso desde los más variado fuentes. Desde allí qué a eje central desde los educación en TIC ser desarrollar en los estudiantes los habilidades necesario por qué llevar a cabo búsquedas

Pertinente, reflexiva y crítica según las necesidades u objetivos pedagógicos, so-problemas sociales o culturales que se presenten.

Las búsquedas web y las búsquedas del tesoro son herramientas útiles para guiar a los estudiantes. Los estudiantes en los procesos de búsqueda, selección y análisis de información y en el uso de la misma, para la resolución de problemas o consignas de trabajo.

La integración pedagógica de estos recursos requiere que los docentes corten clara del tema a tratar; formular preguntas y objetivos de acuerdo con el alcance del proyecto, el posibilidades de los estudiantes y fuentes disponibles; hacer un trabajo exploratorio estaño y selección de fuentes de información relevantes y estructurar la herramienta en una serie de pasos que organizarán las tareas a realizar por los diferentes equipos de trabajo. Bajo. Para la presentación de estas actividades se podrán utilizar procesadores de texto, software específico o plantillas *en línea.* los fuentes desde información para Consultar ellos puedenestar alojado en la intranet instalada en la escuela, en diferentes CD, enciclopedias digitales, tales y/o sitios web. También puede considerarse información no digitalizada, escrita, audiovisual, y el sonido y el habla.

los búsqueda y selección desde información y los reflexion guiado para a través de desde están herramienta-Se trata de valiosas experiencias iniciales que permitirán a los alumnos ir alcanzando poco a poco progresivamente mayores grados de autonomía y autorregulación en sus procesos de interacción con la información.

Búsqueda web: síntesis desde los herramienta

"Web quest" significa indagación e investigación a través de la Web y consiste

86

en una propuesta que privilegia el aprendizaje por descubrimiento guiado y el planteamiento de un tema desde una perspectiva problematizad ora. Es una herramienta que permite al docente dar pautas muy concretas y precisas para que los alumnos realicen a búsqueda a través de diferentes fuentes de información.

Frecuentemente se hace una pregunta que alude a una situación o escenario que requiere ser analizado desde diferentes posiciones, intereses o perspectivas para ser entendido como un fenómeno complejo. En este sentido, da la posibilidad de poder utilizarse en proyectos transversales. La herramienta ofrece oportunidades para los estudiantes reconocen, simulan y experimentan personajes, conflictos, roles, tensiones, cambios o las contradicciones existentes en las situaciones planteadas.

La web quest propone una dinámica que apunta al trabajo colaborativo. Los grupos llevar a cabo tareas diferenciado pero qué converger en los logro desde a meta común. los en-vagaciones ellos pueden promover desde consignas qué punto para los Compilación o análisisdesde información, resolución desde acertijos, asunto desde pleitos, edificio desde consensoo producción. Los alumnos se dividen en grupos, acceden a las diferentes fuentes que el profesor posee propuesto y Seleccione los información pertinente en base para los tareas qué sé han sido presentados.

los búsqueda desde información en Internet, intranet, discos compactos o otros fuentes es a componentecentral de la web quest como propuesta didáctica. Sin embargo, su potencial la lógica radica en la posibilidad de transmitir procesos que transforman la informaciónen el conocimiento Es decir, al motorizar un conjunto de acciones como identificarinformación pertinente para los objetivos qué sé deber cumplir y organizarlo; discriminar

tipo de datos; reconocer las agencias productoras de información; evaluar el posicionamientotos o intereses del material presentado por las fuentes; sacar conclusiones sobre el problema qué sé tiene como objetivo comprender y construir colectivamente a producto final quéDemuestre una posible solución y tome las posiciones de los estudiantes.

La particularidad que esta herramienta tiene para el docente es que le permite, a través dede un proyecto sencillo y atractivo, genera tus propios materiales didácticos digitales adaptado para su grupo desde estudiantes y su contexto especial. Es importante tener en cuentaque el flujo de información que circula exige una cierta actualización de las fuentespartidos identificados, la verificación de sus contenidos y la renovación de las consignas que ellos llevan al salón de clases

Contribución pedagógica los trabajo con misiones web
favores los trabajo con apoya multimedia.

Propicio el acceso para fuentes variado y diverso.

Desarrollar habilidades desde investigación, búsqueda, selección, evaluación y jerarquía-estaño de información alrededor objetivo anteriormente establecido.

Forma habilidades por los leyendo hipertextual y los comprensión desde textos.

Promueve el uso adecuado y ético de la información en relación con el cumplimiento de los objetivos lazos, la satisfacción de necesidades y la resolución de problemas planteados desde perspectivas complejo y toma de decisiones.

incentivar los crecimiento desde habilidades desde aprendiendo autónomo y colaborativo.

Favorece el pensamiento crítico y creativo sobre la información y la capacidad de "hiperlectura".

alienta los crecimiento desde habilidades Meta cognitivo y desde evaluación desde procesos.

Desarrollando desde los herramienta
Como expresamos en párrafos anteriores, la web quest es una herramienta diseñada porel docente, que integra las TIC y el aprendizaje colaborativo a través de la indagación guiado por varias fuentes de información, a menudo alojadas en la Web. es pre-Se presenta en formato digital y está estructurado en partes claramente establecidas a las que qué se ingresa desde de un árbol de navegación:

Introducción

Tarea

Proceso

Evaluación

Conclusión

Cuando un docente desarrolla una búsqueda web y la comparte con otros colegas, pueden ingresar incluir a Apartado, "Página los Profesor". Ahí sé explicar los justificación los separarde ese campo de conocimiento y las directrices globales del trabajo que se pretende realizar con el estudiantes.

Introducción
Ser cual ser los contenido qué sé querer trabajar, es importante qué los búsqueda web sé regalo-de una manera atractiva para los estudiantes. Para este propósito, es apropiado hacer una preguntainicial qué atender desde "gancho" por despertar los interesar desde los estudiantes desde los comenzando.los Introducción -claro y breve- deberían pose a situación problemático para clasificar quéapelar a la curiosidad e implicar un desafío.

Tarea
Es una de las partes más importantes. El profesor desarrollará su ingenio y creatividad. pensar en tareas interesantes que respondan a los objetivos curriculares, evitando la sobreabundancia de instrucciones y pautas.

Es importante centrarse en los comprensión desde una o dos actual sustancial qué formularioparte los tema principal desde los búsqueda web. los propuesta es diseño a tarea auténtico quéYo llevé para los transformación desde los información evitando los tendencia para los mero reproducción.

Hay muchas categorías de tareas para diseñar una buena búsqueda web. Algunos ejemplos- Los ejemplos pueden ser: resolver un problema o misterio; formular y defender una posición; diseñar un producto; analizar una realidad compleja; producir un mensaje persuasivo un tratamiento periodístico; recopilar información, etc

Proceso

Es los parte fundamental desde a búsqueda web bien ¿diseñado? los proceso deberían estar de acuerdo conlos descripción desde los tarea. Es confirmado por Pasos qué los estudiantes deber llevar a cabo,con los enlaces incluidos en cada paso.

Es un momento para organizar la complejidad de la propuesta de investigación. La redacción del proceso requiere también la incorporación de otro principio central de la web quests: la división en roles o perspectivas, características del aprendizaje colaborativoCorbata. Aquí se define un conjunto de subtareas bien estructuradas y precisas para cada tarea. Una de los roles que adoptarán los estudiantes.

los diseño desde misiones web tener dos desafios: lograr en están ocupaciones y Pasos a cierto-decoración andamio cognitivo por los estudiantes y promover los negociación desde significadosAdelante los estudiantes despues una producción colectiva.

Recursos

En esta sección se enumeran los sitios web previamente seleccionados para que los usuarios puedan estudiantes lata concentrarse en los tema para preguntar y evitar los navegación para los deriva.

En realidad, los recursos pueden presentarse en una sección separada o ser incluidos en la etapa del proceso, de forma general o personalizada, dependiendo de los roles a desempeñar investigar. Muchas veces, además de sitios web, será conveniente ampliar con otras fuentes y sugerir otros tipos de recursos tales como revistas, libros, encuestas, diagramas etc

Evaluación

El objetivo aquí es promover la evaluación grupal del producto y la autoevaluación de logros individuales. Se requiere que una evaluación sea clara y concreta; Esto es más que un proceso de reflexión, ya que acompaña y orienta el aprendizaje brindando en información para saber reconducir continuamente la construcción del conocimiento.

Requisitos desde administración por parte los profesor

Identificar etapas los sequía plan de estudios, desde salón de clases o institucional, en los sé se integrará la herramienta, teniendo en cuenta sus particularidades y potencialidades.

Diseño los ocupaciones con los herramienta teniendo en cuenta a diversidad desde con-signos, intereses, habilidades y acceso a recursos multimedia.

Proponer consignas qué integrar diferente modismos (oral, escrito, audiovisual, hiper-textual) y géneros del habla (narraciones, entrevistas, reportajes, etc).

Definir tema, objetivo general, contenidos y conceptos clave de forma sencilla, que Permitir abordar problemas complejos desde una multiplicidad de perspectivas. (desmitificar estereotipos, los trabajo con los multicausal dad, identificar componentes

Subjetivo en la producción de información y construcción del conocimiento, enfatizando en nociones de procesos dinámicos, etc.)

Realizar a búsqueda exploratorio desde material disponible en los tema en sitios Web,discos compactos o otros materiales digital, y los controlar desde sus posible cambios, actualizaciones y de la validez del material. Contemplar las oportunidades para generar dinámicas colaborativasabortivo con profesores de diferentes materias.

Evaluar la complejidad del contenido y la estructura de los sitios identificados (fa-facilitar navegación) y hacer una preselección de ellos.

Controlar los validez desde los fuentes seleccionado qué recursos para utilizar.

Presentar la estrategia a los estudiantes, dividirlos en grupos y concretar el trabajo grupo y los individual, y los momentos desde recapitulación en grupo

91

grande. Monitor losproceso y evaluar el aprendizaje en cada escenario.

Realizar resúmenes sistemático desde temas, enfoques, conclusiones transitorio, y desde tareas en grupos, subgrupos y con los grupo total para final desde colocarlos en los proceso global,en la producción que generan y en la que están obligados a realizar.

Generar espacios de reflexión y concientización de los estudiantes respecto a la co- conocimiento, usos, significados y oportunidad de la herramienta en el proyecto (consultar en prácticas frecuente con TIC en alcances no Niños de escuela; debatir en similitudes ydiferencias entre la herramienta a trabajar y otras conocidas; reflexionar sobre la complementariedad y los nuevo aplicaciones desde herramientas ya conocidos; prever facilitadores,obstáculos, controversias y riesgos qué lata aumentar en trabajo con los herramienta).

Propiciar condiciones por generar búsquedas desde información pertinente y SIG-nificativo (motivar el interés genuino de los estudiantes; definir objetivos que integren lineamientos curriculares con inquietudes de los estudiantes; seleccionar fuentes prioritarias reforzar el rigor científico, la fiabilidad de la información, el estilo del lenguaje, estético, los poder desde material multimedia, etc.; favor los utilizar flexible pero eficaz lostiempo, promover el surgimiento de nuevas inquietudes o interrogantes a partir de la búsqueda está programado y que puede ser retomado en actividades posteriores; alentar instancias juguetón y creativo qué abierto para los emociones, los expresividad y los imaginación en torniqueteal tema que se está tratando.

Plan modos desde comunicación, archivo y comunicación desde los producciones De Verdad-dada por los estudiantes.

Recomendaciones alternativas por los caso desde no existe Conexión para los Neto

los búsqueda web es, qué ya sé decir ah diciendo, a herramienta digital qué organizar los búsquedainformación en diferentes sitios web. Sin embargo, las condiciones de navegabilidad sé ellos pueden generar en un intranet. Además, los paginas qué sé ir para utilizar y Enlaceellos pueden Bajar y Copiar en a procesador desde texto por luego llevar a cabo los hipervínculos correspondientes y mantenerlos aunque no haya Internet, mantener siempre manteniendo la referencia a la fuente en cuestión. Busque eslóganes, también, ellos pueden consultar enciclopedias digitales o otros CD-ROM.

Diferencia con otros herramientas por los investigación

La búsqueda del tesoro, también llamada "búsqueda del tesoro", es otra herramienta de búsqueda guiado desde información. consiste en a sábana desde ruta qué presenta a Serie desdepreguntas sobre un tema y una lista de lugares (archivos o sitios web) donde los estudiantes ellos pueden encontrarnos las respuestas. Con frecuencia, como cierre del desarrollo de la actividad y como conclusión se incluye una pregunta integradora que facilita la organización de la información recopilada. A diferencia de la búsqueda web, el proceso de búsqueda que se propone tiene una secuencia más lineal y no pretende poner en jugar la diversidad de perspectivas

La hoja de ruta de una búsqueda del tesoro se puede hacer con un procesador de texto, software de presentación o *plantillas en línea*. Los lugares para buscar ellos pueden ser alojado en los Internet instalado en los colegio, en diferente discos compactos me en sitiossitio web de internet

Esta es una estrategia útil para presentar contenido, para profundizar en el conocimiento en torno a un tema y para evaluar el aprendizaje. Puede considerarse como una actividad. grupo, individualmente o combinando ambas modalidades.

Oportunidades

Para los comunicación para a través de desde bitácora

Algunas de las potencialidades pedagógicas de las TIC son mejorar las habilidadesdes desde comunicación desde los estudiantes, generar nuevo formas desde expresión y propiciarlos participación en los toda la vida público. A través de los tecnologías digital sé originar nuevoperspectivas de interrelación con los demás, que pueden fortalecer la construcción de identidades individual y colectivo, y favor los producción Social los conocimiento.

Como decíamos en apartados anteriores, para una adecuada formación de los nuevos generaciones es indispensable qué los colegio no solo enseñar para investigar y organizar cri-ética y creativamente la información, sino también que brinde oportunidades para producirinformación y cultura.

Para el desarrollo de la función comunicativa a partir del uso de las TIC en el campo colegio sé decir ah seleccionado, para modo desde ejemplo, a Formato específico desde inmenso Crecí-ment hoy: el weblog, también llamado "blog" o "log".

Weblog: síntesis de la herramienta

Existe diverso formar desde concebir el blog. Estas pueden ser pensamiento qué:

A publicación en línea caracterizado por los configuración cronológico contrarrestar desde losEntradas, en los qué sé recoger, para modo desde a diario, Enlaces, noticias y opiniones desde paternidad literariaprincipalmente soltero con un estilo informal y subjetivo. [48]

Espacio de comunicación asincrónica, generalmente diseñado para expresar ideas o opiniones en formato escrito, aunque también se pueden visualizar fotografías, gráficos,porque y dibujos, secuencias de audio o video. [49]

Un sistema de comunicación donde todos somos editores, colaboradores y críticos, for- Mando un esquema multidireccional de intercambios. Un weblog es una página web. dinámica en el cual los visitantes participan activamente. Cincuenta

Los blogs te permiten combinar varias formas de comunicación, idiomas y también recursos desde Internet. Servicio Qué buscador porque permitir pose Enlaces específico con otrossitios vinculado al tema qué sé intentos [51] , sé parecen al Email por los estilo informal desde comunicaciónqué sé usos con frecuencia en ellos y sé asemejarse a para los foros desde opinión ya qué los lectores lata-dar participar en los edificio los tema o debate contribuyendo sus comentarios [52] . La posibilidad de disponer, sin conocimientos técnicos especiales, de una forma deplegamiento en línea, los gratificación, los facilitar desde acceso, los posibilidad desde insertar Enlaces o Enlaces y su interactividad [53] Ellos son algunos desde los características y funciones qué facilitarsu adopción en el campo educativo.

En condiciones general, los bitácora deber ser considerado herramientas por medio, medio desde los estudiantes Ellos construyeron conocimiento en Interacción con los otros. sé golosinas desde a oportunidadpapá por qué los estudiantes jugar a papel activo qué permitir dar cuenta desde los procesos qué experiencia, respuesta para preocupaciones propio y desde el resto, emitir opiniones, generar debate, contribuir algunos información y intervenir en sus contextos desde toda la vida. Oportunidad pormanifiesto sus intereses, necesidades, certezas, Dudas y interpretaciones en algunos temaEn particular. A partir de la creación de weblogs, los alumnos se convierten, pues, en autores, productores desde contenido y proveedores desde información. Llevar a cabo observaciones,preguntas y respuestas Dan y obtener *realimentación,* sé conectar, ellos ayudan para filtrar información. Tener los posibilidad desde llevar los tiempo por pensar, organizar los idea [54].

Contribuciones pedagógico del trabajo con bitácora
favores los trabajo con apoya multimedia.

Desarrollar los habilidades comunicativo y nuevo formas expresivo desde los estudiantespara a través de nuevos formatos.

Forma habilidades por los escribiendo hipertextual y los producción desde materiales multimedia.

favores los administración desde los sobreabundancia desde información por extraer sentido desde es.

Desarrollar los leyendo revisión, los habilidades desde búsqueda y evaluación desde información,y la adopción de criterios de selección de fuentes confiables.

Mejora las habilidades de entendimiento y de Producción de texto.

Fomenta el aprendizaje autónomo y colaborativo, favoreciendo el desarrollo de habilidadesciudades Meta cognitivo y la evaluación de procesos.

Promueve los uso apropiado y ético desde información, así como también los toma de decisiones

Facilita los intercambio con los otros (compañeros, maestros, miembros desde los comunidadciudades cercanas o remotas).

Fortalece los edificio desde los identidades individual y colectivo.

Desarrollar los creatividad.

Fortalece una pedagogía enfocado en estudiante.

Desarrollando desde los herramienta

los bitácora ellos son herramientas desde comunicación, multimedia, interactivo, flexible y dinámica. Permitir integrar modismos, contenido y recursos en torniquete para a diversidadde propósitos Según la naturaleza del material que se publica, se clasificanen foto blogs, video blogs, audio blogs y no los (contenido que ha sido capturado desde telefonía móvil o celular). Se caracterizan por sus frecuentes actualizaciones y porque favor los comunicación desde personaje multidireccional los blogueando Ellos son espacios para la expresión de los autores, en la que los lectores pueden participar activamente haciendo comentarios, convirtiéndose así en su co-creadores.

Algunos desde los ocupaciones necesario por los producción desde a Blog ellos son los búsqueda, los leyendo, los selección y los interpretación desde información en a tema. Es por esoque el uso de esta herramienta en propuestas pedagógicas es una forma primordial registro privilegiado, sistematización y documentación de los procesos constructivos individual y social los conocimiento. los Interacción con es forma desde publicación y desde El intercambio social virtual permite a los estudiantes iniciar un proceso en el que poco a poco mente sé ir haciendo expertos en a importar y por los qué ellos pueden alcanzar para volverseen fuente de información y referencia para otros blogs que abordar el mismo tema .

Editar y publicar a Blog eso implica lugar en jugar a Serie desde habilidades referidoa la organización de la información, expresión y reflexión sobre los procesos de comunicación [56]. En primer lugar, los blogs te permiten organizar la información creando categorías y cadenas desde información para a través de desde Enlaces Adelante ellos. Estas procedimiento-tos favorecer la recuperación y aplicación de información sobre los temas a tratar, problemas para clasificar. Desde este modo, los bitácora sé convertir en a oportunidad por

Administrar los sobreabundancia desde información en internet [57], contextualizar y organizar loshabla en forma hipertextual. Y lo que es más, es posible decir qué están estructuras desde público-cación en Internet, y los elementos que la componen, dan lugar a formas innovadoras narrativas y generar nuevo prácticas por debatir y argumentar.

Del mismo modo, los blogs pueden concebirse como un valioso espacio de expresión; intercambio y participación social, política y cultural desde los estudiantes. los elección lostítulo del blog, el tema, la perspectiva desde la que se aborda el contenido, la elección desde fuentes, los información personal/colectivo qué sé ofertas, los directorios en los qué séregistro, el diseño utilizado, los colores, sonidos o imágenes seleccionados, los enlacesdel blogroll o los comentarios son los recursos que proporciona un web log para fortalecer, expresar y comunicar identidad. Un web log adquiere estatus público en la Red al abrirse espacio para la circulación de ideas sobre quiénes y cómo son sus autores o lectores.En que visión de mundo que poseen, lo que los motiva o que les preocupa

R) Sí, este Formato contribuye para los mejora desde los habilidades comunicativo y desde expresión.Los autores generan artículos con el objetivo de dar a conocer lo que saben, piensan y sienten, y los lectores participan activamente dejando sus comentarios. Esta dinámica significa que los textos tienen que ser producidos con suficiente claridad para ser incluido por los el resto (ser estas maestros, estudiantes o los comunidad en general).El diálogo con los demás, por su parte, proporciona información útil para la autorregulación.ción y seguimiento del propio proceso de aprendizaje. A diferencia de otras herramientasque apoyan conversaciones, como foros, weblogs dan a los autores una paz personal y, simultáneamente, a espacio Social. Es decir, "conceder a espacio porlos reflexion individual, por los registro desde los evolución desde los ideas para eso longitud los tiempo,para múltiples conexiones e intercambios en diferentes espacios" [58]. De igual forma, la comunicabilidad de un mensaje se convierte en objeto de reflexión para aquellos estudiantesque quiere ser escuchado.

Además, los utilización los Blog permite crear y desarrollar a nuevo escenario desdeexpresión que es necesaria y valiosa en dos sentidos. Primero, porque se sabe que por características personales, miedo a equivocarse o dificultades para presentar en público [59,] no todos los estudiantes participan en clase y las interacciones se reducen a un pequeño grupo. Crear y comentar en blogs le permite hablar sobre esto. sentido. En segundo lugar, organizar un weblog implica organizar ideas, establecer un horario, propósito, imaginar y construir un lector, expresarse, sistematizar un pensamiento, etc. De esta forma, el gran beneficio que otorga este tipo de "género virtual" es que trae los forma desde "tener voz en los Neto" desde manera muy sencillo. "Tener voz", en sentido SOY-como una posibilidad de expresión respecto de los temas de interés de una persona o un grupo y la comunicación extendida del mismo a otras personas con las que nocompartir un espacio, no un tiempo.

Otras habilidades que se desarrollan durante la interacción con este tipo de up- plicaciones virtual ellos son los desde formulario en los nuevo medios de comunicación desde comunicación, crear
A reflexion propio, ser a pensador crítico, generar puntos desde vista alternativa y contribuir-llevarlos a los demás. Dentro de los espacios de reflexión que genera el trabajo con bitácora sé abre a fuerte línea desde capacitación y debate en torniquete para los "ética" desde esosque producen. Marcos legales, libertad de expresión, respeto a las ideas diferentes, verás, los análisis desde los situaciones social, los reflexion sobre desde los formas adecuado desde expresión en torniquete para los objetivos y contextos en los qué ellos circularán los publicaciones Ellos sonactual centros de formación sobre esta herramienta [60] .

existe a diversidad desde bitácora destinado a para termina educativo o *comestibles* Algunos desdeson creados por:

Docentes [61,] para establecer un espacio de comunicación asíncrona con los estudiantes. A través de este medio, los profesores pueden programar li- pautas por la realización desde tareas, abrir a espacio virtual desde preguntas ycomentarios, Enviar ocupaciones, bibliografia y Enlaces para sitios Web desde consulta.

blogs de los *docentes* son los que se utilizan para la comunicación, compartir, planificar, investigar y producir colectivamente entre pares (materiales educativos; proyectos multidisciplinarios, sistematización de tablero de prácticas docentes, etc.).

Estudiantes, para dar a conocer experiencias escolares individuales y colectivas.

98

Estos blogs pueden comentar actividades realizadas, presentar documentos desde trabajo, organizar colaborativamente a investigación, un-rar el desarrollo de proyectos y sus resultados. Estos son espacios que permitir la retroalimentación del profesor exclusivamente y/o de sus compañeros. En relación con el trabajo individual, una ex- experiencia que puede resultar muy interesante es la bitácora personal del estudiante. Este registro podrá prolongarse durante todo el tránsito por el colegio, empoderando los edificio desde los identidad y los rastreo desde lospropia historia

Docentes y alumnos en el aula, para trabajar por disciplinas o en proyectos multidisciplinario o transverso. los blogueando desde salón de clases favor tanto trabajo en grupo dentro de un curso, como entre cursos y escuelas. pueden usar almacenarse en una variedad de formas, como un diario de clase, cuaderno o *portafolio* digital .

Miembros desde los *institución colegio,* por dar cuenta desde su historia, ideología,proyectos, vínculos con la comunidad, etc.

Es necesario tener en cuenta que dado el potencial de los blogs para ser un espacio por los visibilidad público, los producción desde los estudiantes es en condiciones desde trascender-Correcto los salón de clases. A Blog lata ser a oportunidad desde Interacción con otros espacios en el interiordesde escuela, otras escuelas, organizaciones o comunidades cercanas o distante.

Estructura los Blog

A Blog es formado por varios componentes [62]:

Encabezamiento: es los Nombre o calificación qué los o los autores asignar al Blog. Poder-para contener una imagen.

Categorías o temas: sistema que permite organizar los contenidos del blog según los criterios establecidos por su autor. En general, estas categorías son se ubican en una columna al costado del cuerpo central del blog.

Artículo, correo o asiento: constituye el cuerpo central de escritura de una bi-Tacoma. Dependiendo del sistema de publicación que se haya seleccionado para trabajar, los Entradas o *publicaciones* sé identificar con fecha desde publicación y categoría paraal que pertenecen.

Comentarios: los opción desde comentario los Entradas Permite al visitante dejarsu opinión sobre el contenido expuesto en estos, aclarar lo leído o ampliarlo con nuevos datos, enlaces o reflexiones. Cada entrada de blog es en sí misma una pequeño foro. Los comentarios permiten a los visitantes dar su opinión, complementarhombres y mejorar artículos.

Trackbacks : este componente, también llamado *referencia cruzada, dada* o *inversa, back link* o *enlace inverso,* es un elemento que forma parte delcontenido de algunos de los sistemas de publicación de blogs y sirve para déjalo saber al Autor desde a Blog qué en otro Blog sé decir ah incluido a *Enlace* o Enlace qué esoune con ninguna desde sus artículos. PARA veces sé eso usos Cuándo sé quiere hacerun comentario sobre un contenido y es preferible hacerlo en el propio blog para lata difundir más.

Sindicación desde contenido (RSS) o agregado res desde noticias: Gracias para ellos, ael usuario puede leer las noticias de todos los blogs que quiera sin tener que visitaralquitranarlos una para una; Entonces, por ejemplo, a Profesor lata leer todo eso qué sus estudiantes han publicado en sus blogs simplemente agregándolos a su lista.

Requisitos desde administración por parte los profesor
Definir los objetivo general, configurar los tema y escribe desde sequía qué tendrá los Blogo blog para el desarrollo de la propuesta pedagógica.

Realice búsquedas exploratorias de blogs, sitios web, CD u otros materiales directos. Vitales que aborden el tema y/o planteen los mismos objetivos. Seleccionar materiales según su nivel de complejidad y relevancia, que sirven como insumos para la crecimiento de un web log con fines educativos.

Para seleccionar los escribe desde bitácora qué desarrollará con sus estudiantes (individual, grupoo colectivo; abierta o cerrada).

Diseño los dinámica desde Interacción Adelante los bitácora y su integración al trabajo en los salón de clases.
generar espacios por los reflexion y sensibilización desde los estudiantes respeto los saber-Yo miento, aplicaciones y Sentidos en torniquete para los herramienta

en los sequía (preguntar en prácticas frecuente con las TIC en entornos no escolares; discutir similitudes y diferencias entre la herramienta a trabajar y otras conocidas; reflexionar sobre la complementariedad papá y los nuevo aplicaciones desde herramientas ya conocidos; prever facilitadores, obstáculos, controversias y riesgos eso puede surgir en el trabajo con el herramienta).

Propiciar condiciones por los escribiendo desde los bitácora (motivar los interesar genuino desde los estudiantes; construir climas de confianza; definir objetivos que integren lineamientos curriculares láser con preocupaciones desde los estudiantes; favor a utilizar flexible pero eficaz los tiempo en los salón de clases qué contemplar los periodos necesario por los creación; favor a primero momento-para por los expresión y recién a segundo tiempo por los corrección gramático o ortografía; fomentar los autocorrección, los leyendo Adelante pares y los volver a escribir; favor instancias desde análisis desde producciones y los reflexion en los pluralidad desde interpretaciones; fomentar En s- trances juguetón y creativo qué abierto para los emociones y los imaginación en torniquete para los tema que sé tablero; respeto los formas diverso desde organizar los información; integrar códigos y modalidades desde expresión propio desde los jóvenes con los qué sé obras).

Utilice esta innovadora forma de comunicación para monitorear el proceso de aprendizaje. Enseñar, realizar intervenciones para mejorar el aprendizaje, enviar pautas y materiales de trabajo, y evaluar el aprendizaje de los estudiantes.

Alentar los creación desde comunidades desde aprendiendo:

Generar instancias para compartir información y expresar ideas personales como una forma de mejorar los procesos de enseñanza y aprendizaje. Configurar a nuevo canal comunicación entre profesores y alumnos.

Promover espacios por interactuar con sus pares maestros con los objetivo desde COM-compartir experiencias, intercambiar materiales, planificar juntos y llevar a cabo investigación.

Definir institucionalmente los criterios de publicación.

Proponer dinámicas de actualización de acuerdo a las posibilidades del proyecto, de la estudiantes y recursos.

Generar espacios de rebelión sobre temas éticos y de responsabilidad en la generaciónración de contenido y en el proceso de comunicación social.

Orientar a los alumnos en los procesos de diseño y comunicabilidad.

Generar espacios de rebelión sobre la construcción de credibilidad.

Prever momentos por aprender para encargarse de los herramienta en creciente grados desde COM-laxitud. Promover un uso flexible y eficiente del tiempo. Ten en cuenta los plazos producción de trabajo, tanto individual como grupal [63].

Diferencias con otros herramientas por las comunicaciones

La distinción más notable entre los blogs y las páginas web tradicionales es que los primeros generan instancias de mayor interactividad con sus lectores (entrada de comentarios) y relación con otros blogs y sitios web (inclusión de referencias crossovers o *trackbacks*) . El modelo comunicativo imperante es bidireccional en blogs y unidireccionales en páginas web. En este último caso, la información del autor a los lectores. Hay algunos que tienen espacios más dinámicos, como incluyendo el correo electrónico, y otros también incluyen, como un elemento más, un Blog. Los blogs se actualizan con frecuencia, gracias a la facilidad de edición.y publicar. Y lo que es más, los archivo desde los información en pedido cronológico contrarrestar y los India-catión de nuevo entradas simplifican el el acceso a los la información y tu lectura

Con relación para los diferencia con los foros desde discusión sé Destacar qué "Los posibilidad desde La interacción proporcionada por los blogs es complementaria a la función de los foros. Estos siguen siendo muy válidos para estimular los debates dentro de un grupo de trabajo. losLos blogs, sin embargo, son más útiles para organizar la conversación si lo que se tiene como objetivo es contribuir nuevos datos y enlaces (Sise,)" [64].

Finalmente, las web quesos difieren de los blogs principalmente en el formato y la estructura de presentación de la propuesta. El web log organiza la publicación por fechas desde cada evento, tiempo qué los misiones web sé encontrar organizado con eje enlos bar desde navegación qué introducir al estudiante en el Comportamiento para llevar a cabo. Bibliografía.

www.ingramcontent.com/pod-product-compliance
Lightning Source LLC
LaVergne TN
LVHW051712050326
832903LV00032B/4154